바람은 불어도

황화진 지음

인생을 사는 동안 종종 바람이 부는 것을 경험하게 됩니다. 그 바람이 시원한 바람이면 좋겠지만 춥고 불편하고 힘든 바람도 있습니다. 그런 바람을 맞게 되더라도 잘 이겨내고 오히려 더 잘되기를 소망하며 이 책을 펴냈습니다.

여기에 모은 글은 평소 매주 한 편씩 써서 주보와 신문에 내기도 하고, 일기처럼 그냥 끄적거리기도 했던 것을 모은 것입니다. 계속 글을 쓰다 보니 컴퓨터에 많은 내용이 저장되어 있는데, 우선 눈에 들어오는 글 중 일부를 추려서 엮은 것입니다. 전반부는 산문이고 후반부는 시(時) 비슷한 것들입니다. 작품성으로 보면 별 가치가 없겠지만 그냥 천천히 묵상하듯, 사유하듯 읽다 보면 몇 구절이라도 마음에 와닿는 것이 있을 수도 있지 않을까 생각합니다.

단편으로 그때그때 쓴 것을 모은 것이라 더러 중복되는 내용도 많이 있음을 양해 바랍니다. 그리고 이 책은 문학작품이라기보다는 최근 몇 년간 저의 사역 보고로 여겨 주셔도 좋을 듯합니다.

그간에 저를 사랑해 주시고 아껴주시고 기도해 주신 분들께 이 책을 드리고 싶습니다.

특히 부족한 저와 신앙의 여정을 함께해 오고 있는 강은교회 교우들에게 진심으로 감사드립니다. 축사를 써 준 친구 대한신학대학원대학교 총장 김도경 박사와 김정덕 시인께 감사하고 또한 이 책이 세상에 나올 수 있도록 늘 배려해 주시는 인터웰 대표 이경희 장로님께도 감사드립니다. 모두에게 주님의 축복을 빕니다.

2021년 가을에

저자 **황화진** 목사

차례
Contents

제1부 산문

1 말에도 글에도 인격이 묻어 있다 ▶ 16

2 옛 전우를 만나다 ▶ 19

3 십자선교회 ▶ 22

4 안양대학교 불법매각 결사반대 ▶ 28

5 교단 문학회 다녀온 이야기 ▶ 32

6 우리는 "천국 노가다" ▶ 35

7 우리는 하늘나라의 연예인이었다 ▶ 39

8 후배 박 목사의 소천 소식을 듣고 ▶ 51

9 시국집회 현장에 다녀오다 ▶ 54

10 인사교회 부흥회 강사로 다녀오다 ▶ 58

11 「대신」이면 충분하다 ▶ 62

12 서울대학교 구 농과대학 캠퍼스를 걸으며 ▶ 66

13 글자 한 자의 위력 ▶ 69

14 신학교의 추억 ▶ 72

15 자전거로 한강을 다녀오다 ▶ 76

16 흘러 온 돈 흘려보내다 ▶ 80

17 시험의 추억 ▸ 84
18 No Corona 시대를 바라본다 ▸ 87
19 트로트 찬양곡 선보인 황화진 목사 ▸ 91
20 나는 문학도 음악도 돌팔이다 ▸ 95
21 목사의 직무 ▸ 98
22 동문 사역지 회계중앙교회를 다녀오다 ▸ 102
23 스승의 날을 보내며 ▸ 105
24 6.25가 주는 교훈 ▸ 108
25 개 팔자 상팔자 ▸ 111
26 농업은 원래 나의 전공이었다 ▸ 114
27 피투성이라도 살아 있으라 ▸ 117
28 기후변화와 이슬 ▸ 120
29 버림의 미학 ▸ 123
30 경찰서에서 만난 사람들 ▸ 126
31 강은교회, 화성시대를 열다 ▸ 130

제2부 산문시(1)

1 봄의 풍경 ▶ 136
2 보람되고 보람되며 ▶ 137
3 가는 여름 ▶ 139
4 착각 ▶ 140
5 만추의 비를 맞으며 ▶ 142
6 첫 열매 ▶ 143
7 대한의 미래 ▶ 144
8 성탄절의 기도 ▶ 145
9 곧 죽어도 걸어라 ▶ 147
10 겨울비 ▶ 149
11 사철나무 ▶ 150
12 봄을 꿈꾸며 ▶ 151
13 해불양수[海不讓水] ▶ 153
14 춘래불사춘[春來不似春] ▶ 154
15 스마프폰 천국 ▶ 155
16 바람은 불어도 ▶ 157
17 농촌에 며칠 있어 보니 ▶ 159
18 아가씨와 아까시 ▶ 161
19 오월을 보내며 ▶ 162
20 가려짐의 신비 ▶ 164
21 촌스러움 ▶ 166

제3부 산문시(2)

1 긴 장마 ▶ 170
2 열대야 ▶ 171
3 가을의 시그널 ▶ 173
4 세월이 지나가니 ▶ 174
5 깊어가는 가을에 ▶ 176
6 아내는 외출 중 ▶ 177
7 꿈나무의 집 아이들은 행복하다 ▶ 179
8 곧 겨울이 오겠지 ▶ 181
9 한강 라이딩 두 번째 이야기 ▶ 182
10 첫 눈이 오던 날 ▶ 184
11 기다리는 봄 ▶ 185
12 그 나라가 오기를 ▶ 186
13 소띠 해 ▶ 188
14 변덕스러운 날씨 ▶ 189
15 아침햇살이 따듯하다 ▶ 191
16 나 홀로 라이딩 ▶ 192
17 슬기로운 광야생활 ▶ 194
18 초대 ▶ 196

제4부
산문시(3)

1 석양 ▶ 200
2 쓸쓸한 하루 ▶ 202
3 이예수! ▶ 203
4 연기 ▶ 204
5 쓰린 맘 ▶ 205
6 예수 사랑하심은~ ▶ 206
7 나 이제 돌아가리 ▶ 208
8 햇바람 ▶ 210
9 교동 ▶ 212
10 부모님 ▶ 214
11 밥 냄새 ▶ 216
12 나는 ▶ 218
13 라벤다 ▶ 219
14 오늘을 어떻게 살아야할지 ▶ 220
15 벚꽃 ▶ 221
16 참 좋은 밤 ▶ 222
17 봄은 보는 거랍니다 ▶ 223
18 착한 경찰관들 ▶ 224
19 자연의 향기 ▶ 225

화보 ▶ 228

축사

책 속에
그리스도의 생명과 간증이 있음을 볼 수 있습니다

나뭇가지가 고요하고자 하나 바람이 멈추질 않습니다. 그래도 그 자리에 굳게 서서 바람을 맞으면서 성장하고 강해지면서 새들이 깃들이고 사람들이 찾는 그늘이 됩니다. 황화진 목사님은 외딴 섬에서 태어나 거기서 청소년기를 보내고 20대에 낯선 객지에 나와 온갖 풍상을 다 겪고 이제는 우뚝 선 나무가 되었습니다.

이 책에 나오는 이야기들은 그의 삶이요 그의 철학이요 그의 문학이요 그의 신앙입니다. 한결같이 순수하게 하나님 앞에서 살아온 목사님의 평생의 삶이 문장 문장 속에서 읽혀지고 있습니다. 찬찬히 읽어가면서 은혜를 받고 감동도 됩니다. 책 속에 진실이 있고 책 속에 그리스도의 생명과 간증이 있음을 볼 수 있습니다.

황화진 목사님은 저와 오래 된 친구입니다. 신학교 때부터 유달리 문학을 좋아하고 음악을 좋아하고 친구들을 좋아했던 추억이 있습니다. 같이 있으면 참 마음이 많이 편했고 마음이 끌리는 속으로 많이 좋아하고 기대했던 동기생 중에 한 명입니다. 결국 훌륭한 목회자로 그의 은사를 충분히 활용하고 있는 모습을 보면서 좋은 친구를 주신 하나님께 감사드립니다.

목회를 하면서도 꾸준히 문학 활동을 한다는 것은 쉬운 일이 아닙니다. 친구로서 존경하고 또 사랑하고 있습니다. 이 책을 통해서 독자들도 같은 마음을 가지게 될 것을 기대하면서 또 더욱 많은 이들에게 사랑받는 책이 되기를 기원하며 축하드립니다.

아울러 황 목사님이 시무하시는 강은교회가 금번에 화성시로 이전하여 입당하게 된 것도 겸하여 축하를 드립니다. 앞으로 더욱 부흥 발전하기를 기도합니다.

대한신학대학원대학교 총장 **김 도 경** 목사

축하의 글

산문집 '바람은 불어도' 발간에 부쳐

가을이다. 벼가 누렇게 익어서 고개를 숙이고 있다. 알알이 충실하게 여문 나락이 탐스럽다. 사람도 세월이 갈수록 낮아지고 겸손해진다.

나는 사람에 대한 낯가림이 심한 편이다. 그런데 황화진 목사님은 만날수록 숨은 진주 같다는 생각이 든다. 자신을 드러내거나 자랑하지 않으며 어느 순간 아! 하고 탄성을 지르게 하는 매력을 지닌 분이다. 그에게서는 진한 사람 냄새가 난다. 아니 그것은 냄새라기보다는 향기이다.

그의 글에는 갑자기 막말을 하며 달려드는 사람에게 흔들림 없이 대처하는 여유로움이 있고 후루루 짭짭 라면을 맛있게 먹는 검소한 일상이 담겨져 있다. 그는 필요하면 주저 없이 노가다 현장에 달려들고 외모에는 별로 신경 쓰지 않으며 소탈하고 진솔하다. 근래에 단지

글을 위한 글 너무나 기교적이고 가식적인 글들이 난무하는 세태에 드물게 보는 순 토종의 글이다. 게다가 그는 트로트 곡으로 찬송을 작곡할 정도로 음악적 재능도 수준급이다.

산문집 '바람은 불어도'의 원고를 찬찬히 읽으며 나도 모르게 눈시울을 적셨다. 어디 완벽한 사람이야 있으랴마는 참 순전한 분이 험한 세상에 용케도 살아남아 있었구나 하는 생각에서다. 이런 글을 쓸 수 있는 고운 심성을 지닌 황화진 목사님께 마음으로부터의 축하를 드린다.

샬롬! 샬롬!

시월의 어느 멋진 날에

평택 우거에서

김 정 덕 목사(시인, 영신중앙교회 담임)

제1부

산 문

1. 말에도 글에도 인격이 묻어 있다

신학교 동기생이 쓴 글을 보니 당신은 육군 영관 장교 출신인데 최근 장교 임관 50주년 기념 동기 모임이 있었다고 한다. 50년 만에 만나는 반가운 친구들이요 고된 훈련과 전투를 함께 한 전우들이다.

그러나 그들에게는 장교라는 프라이드가 있고 국제신사라는 자신들의 아이덴티티가 너무나 뚜렷한 사람들이다. 그래서인지 그토록 가까운 사이임에도 불구하고 온라인에서든 오프라인에서든 반말을 하지 않고 적당히 존중하는 정도의 대화를 한다고 했다. 예를 들면 "OO야 반갑다"가 아니라 "OOO 동기생 반갑소" 또는 "OOO 반갑네" 등등

그들은 "장교는 국제신사(International Gentleman)"라고 교육을 받았기에 죽는 날까지 그런 젠틀맨십(Gentlemanship)을 발휘하기를 스스로 원했던 것이다. 교육은 그렇게 사람을 사람 되게 하고 인격

이 다듬어지게 하고 사람의 무게감을 유지시켜 준다. 그런데 교육은 상당 부분 책을 통해서 이루어지니 책을 읽어야 한다. 책이 사람을 만들고 사람은 책을 만든다.

나는 이런 경험을 했다. 중학교 동창생을 40여년 만에 만났는데 다짜고짜 욕부터 한다.

"야, 이 새끼야! 이 새낀 늙지도 않았네."

웃어 넘겼다. 물론 남자들 세계에서는 충분히 할 수 있는 말이지만 그것도 때와 장소를 가려서 해야 한다. 그 다음 해에 그 친구를 거기서 또 만났는데 성묘 가는 길에 우리 사도(私道)를 통과하는 중 장애물이 있었다고 아침부터 술에 취했는지 나를 향해 또 욕을 한다.

"야, 목사 새끼야! 나와 봐. 나두 교회 다닌다. 이 새끼야"

황당하고 어이없고 다른 가족들 보기 민망했다. 지금 적잖은 나이에 특히 나는 목회자로 그런 풍경과는 거리가 먼 삶을 살다가 당한 상황이라 과연 내가 어떻게 반응해야 할지 대략난감이었다. 또 다른 반대의 경험도 있었다. 나의 고등학교 때 선생님이 교장으로 퇴임했는데 어느 날 나한테 전화가 왔다.

"여보세요. 저 황화진 목사님이신가요?"

"네. 그렇습니다. 누구시죠?"

"혹시 저를 기억하시려나 모르겠습니다. 저 OOO입니다."

"아유~ 선생님 안녕하세요? 어떻게 저한테 전화를 다 주시고~"

"이게 얼마 만이요. 난 정년퇴직 하고 교회 생활만 열심히 하고 있는데 목사님은 그래 어떻게 목사님이 되셨지? 너무 반갑소."

"선생님 말씀 낮추어서 하십시오. 제가 제자 아닙니까?"

"아, 내가 교회 장로인데 목사님한테 반말 하면 안 되지요."

"아닙니다. 그건 교회에서 공적일 때고 저하고는 사적인데 편히 대하셔야 합니다."

"아, 그래도 목사님한테 그렇게 대하는 거 아니잖소."

선생님의 한 마디 말에 그 분의 인격이 묻어 있다. 말 한마디 글 한 줄이 때로는 사람을 살리기도 하고 죽이기도 한다. 힘을 주기고 하고 힘을 빼기도 한다.

요새 아이들이 거의 욕 섞어서 하는 말을 들어보면 가관이다. 교복 입고 저러고 싶을까 싶다. 말도 글도 자기를 드러내는 일이다. 자기 인격을 표현하는 행위이다. 그렇다면 공적일 때는 더욱 더 정제된 언어를 쓰는 것이 사람의 도리이다. 언젠가 보니 전철 안에서 젊은 20대 청년이 80대 할아버지한테 이 새끼 저 새끼 하면서 달려드는 동영상을 보고 이 놈의 세상이 어떻게 돌아가는 것인가 하고 깜짝 놀란 적이 있었다. 예의도 없고 윤리도 없고 위도 없고 아래도 없고 막 가는 세상인가? 사람은 누구나 말에도 글에도 자신의 인격이 묻어 있다는 사실을 늘 명심하고 살아야 한다.

2. 옛 전우를 만나다

아내와 함께 강화를 가면서 차 안에서 몇 해 전 경찰서 민원실장으로 퇴직한 손세영 씨가 어떻게 지내는지 연락이 없다고 하면서 그분 얘기를 했는데 금세 안성철 씨한테서 전화가 왔다.

"목사님, 더위에 잘 지내시죠?

"아, 네. 안 주임도 근무 잘하고 있습니까?"

"네. 덕분에 잘 지내고 있습니다. 다름이 아니고 요번 광복절 날 손세영 씨네 같이 가시죠? 손세영 씨가 목사님 모시고 한 번 오라고 전화 왔었습니다."

"아, 네. 그럴게요. 안 그래도 손세영 씨 얘기 지금 집사람하고 하던 참이었어요."

8월 15일. 비가 내린다. 약속한 대로 손세영 씨네 간다는 생각으로 비는 내려도 마음은 약간 설렘도 있다. 새 집을 지었다는데 어떻게 지었을까? 시골 생활에 잘 적응은 한 것일까? 머리로 상상을 하면서 마치 오랜 친구를 만나듯 내 마음은 벌써 단양에 가 있다.

갈 채비를 하고 있는데 임 목사한테서 전화가 왔다.

"황 목사님! 오늘 광화문에서 시국집회 하는데 목사님 가실 거죠?"

"아유~ 어쩌죠? 저 오늘 단양에 심방 약속이 있어서 부득불 빠져야겠습니다."

임 목사는 매우 아쉬운 듯 전화를 끊었고 안 주임이 바로 내 방에 들어온다.

"목사님, 어서 가시죠? 제 차로 모시겠습니다."

"그럽시다"

빗길이지만 차는 수원을 벗어나 고속도로를 타고 유유히 잘도 달린다. 한참을 그렇게 가다보니 점점 속도가 느려진다. 차가 밀린다. 빨리 가야 하는데~ 어서 옛 동지를 만나야 하는데~

두 시간 안 걸려서 갈 수 있는 거리인데 차도 밀리고 다 가서는 길을 잘못 들어 네 시간도 더 걸린 거 같다. 손세영 씨와 몇 번 통화를 했다. 그의 집 거의 다 가서 헤매고 못 찾으니 손 집사가 답답하여 당신 차를 몰고 나왔다. 중간에 만나서 단숨에 올라갔다. 넓은 정원에 닭장도 보이고 벌통도 보이고 개집도 보이고 각종 나무는 유실수 관상수 등등 보기에 좋았다. 그의 부인 김종도 권사가 우리를 반겨 맞는다.

"어서들 오세요. 우리 손 집사가 황 목사님 얘기를 자주 합니다. 이런 분이 없다네요."

"아유~ 뭐 오랜 동안 경찰서에서 함께 한 정이지요."

"우리교회 목사님도 아직 초청 안했는데 황 목사님을 제일 먼저 초청하고 어제부터 닭 잡아 놓고 기다렸습니다."

"하하하 감사합니다."

새 집 지은 걸 보니 본인이 기술을 습득하여 동료들과 함께 지었다는데 작품이었다. 황토와 목조가 복합적으로 지어진 집인데 여생을 보내기에는 아주 적합하게 지었다. 주변 터도 넓고 지역 주민들과도 친숙해 졌고 그의 부인은 동네 수다쟁이 1호로 등극할 정도가 되었으며 무당도 전도하여 교회에 잘 나와 세례까지 받았다고 한다. 그리고 테니스 동호회에서 막강한 실력을 발휘하는 등 매우 활발하게 살아가는 모습을 보니 보기에 좋았다.

손 집사가 직접 기른 토종닭을 잡아서 요리하여 맛있게 먹고 동네 한 바퀴 돌고 다시 밑으로 내려와 지역 명소 온달동굴과 아쿠아리움 등을 둘러보고 저녁까지 먹고 귀경길에 올랐다. 퇴직 후를 근사하게 자리 잡은 손 집사를 보니 안도감과 평안함이 있었다. 경찰은 딱딱하고 별로 친할 일이 없을 걸로 알았던 사람들인데 의외로 믿음 좋고 인품 좋은 사람들이 꽤 있다. 좋은 사람을 만난다는 것은 큰 자산이고 축복이다. 은퇴 후에는 서로 전국을 다니며 동료들을 만나야 할 것 같은 예감을 하며 즐거운 하루를 마감했다.

3. 십자선교회

베트남은 인도차이나 반도 동부에 위치하고 있는 사회주의공화국으로 한 때는 월남이라 불렀다. 그것은 중국에서 과거에 월족이 살던 지역보다 베트남이 남쪽이라 해서 그렇게 불렀다는데 남쪽은 남베트남 북쪽은 북베트남으로 이들이 통일전쟁을 치른 바도 있다.

요번에 내가 간 곳은 하이퐁 지역 마약중독자치유센터였다. 그곳은 컴이란 분이 대표자로 있는데 12개 처소의 센터에 150여명의 입소자들이 치유를 받고 있으며 아울러 23개 교회를 돌보는 아주 특수한 사역이었다. 이번 세미나에 참석한 목회자 그리고 스태프 등 190여 명이 복음을 들었는데 사실은 이들 모두가 다 무시무시한 전과자들이다.

어느 나라든 다 입국신고서를 쓰고 들어가는데 안 쓰고 들어간 나라는 요번 베트남이 처음이었고 거리는 빨간 간판이 많은 중국 풍경과 비슷했다. 점심을 쌀국수로 먹고 바로 센터로 가서 금번 세미나에 참여할 목회자들과 인사 나누고 사역회의를 했다.

그곳의 목회자들은 매월 한 번씩 금식을 하는데 마침 그 날 금식일이었다. 정 목사와 나는 사역회의에서 그 나라 사역이 처음인데 처음인 우리가 주강사로 섬기기로 하였다. 그런데 나는 집에서부터 약간의 감기 기운이 있는데다 장시간 비행기 타는 것이 불편했는지 컨디션이 좋지 않았다. 안 그래도 잠자리에 예민한 내가 코가 막히니 더 잠을 못 잔 상태로 화요일 아침을 맞이했다. 호텔에서 센터로 이동하여 첫 시간은 정 목사가 "성경에 나타난 사탄의 역사"에 대하여 강의를 했고 오후에는 내가 "설교학" 강의를 했다.

그리고 저녁식사 후에는 1, 2센터를 방문하여 마약중독으로 시설에 수용되어 있는 이들을 돌아보고 철장 안에 들어가서 수감자들에게 안수기도를 했다. 베트남에는 마약 중독자가 20만 명이 넘는데 이들은 심각한 사회문제가 되고 있다. 마약은 글자 그대로 마귀 약인데 마귀 약을 사람이 사용하니 사람이 마귀 짓을 하는 것이다. 마약에 중독이 되면 환각상태라 각종 흉악범죄와 직결되고 결국에는 감옥을 가게 된다. 이들을 검거하여 법의 심판을 받게 하고 치료하고 재활하는 국가시설이 있기는 하나 대개는 재발하고 성공을 못하는데 민간인인 컴 목사님이 세운 치유센터에는 지금 150여 명이 수용되어 98% 결신하는 성공률을 보이고 있고 그 중에 목회자로 변신하는 사람들도 많다고 했다. 이번 목회자 세미나에 참석한 수강생들도 98%가 마약 중독에서 벗어나 새로운 삶을 살고 있는 분들로 모두 그 시설

출신들인데 언제 그런 일을 했었을까 싶을 정도로 완전히 변화된 모습에 감탄을 자아냈다. 베트남은 북한이나 중국처럼 종교의 자유가 많이 제한되는 나라지만 이 사역에 대해서는 국가의 인정을 받아 교회와 센터가 정식 허가 받은 시설로 마음 놓고 예배드리고 강의하고 찬송하고 마당에서 공개적으로 종교행사를 가져도 제재를 받지 않는다.

그들이 처음에 시설에 들어올 때는 가족들의 요청에 의하여 들어오는데 그 때의 모습은 마치 조폭이 검거되어 들어오는 모습과 같다. 입소자들 대부분이 온 몸은 문신을 했고 눈빛은 살벌하고 힘은 뻗치고 있다. 이들이 잡혀오면 바로 철장 안에 집어넣고 밖은 잠을 쇠로 잠근다. 그러면 대개 보름에서 한 달 정도를 그 안에서 발광을 하다가 결국에는 그 광기가 다 빠져 나가고 멍청해져(멍 때림 증상) 있다가 차츰 정상인으로 회복이 되어 간다고 했다. 대개 한 달 후면 철장에서 나와 일반 방으로 옮겨 2년 정도를 거기서 지내면 건강한 사회인으로 그리고 기독교 신앙인으로 변화를 받는다는 것이다. 거기서 하는 일은 예배드리고 찬송 부르고 성경공부하고 기도하는 기독공동체 생활인데 그러면서 회복이 되는 걸 보니 그 영권에 놀라웠다. 그 컴 목사님은 그 주간 계속 금식기도를 했다. 그런 영적 힘이 아니면 감당이 어렵겠다는 생각을 했다.

수요일에도 전날과 같은 스케줄로 진행이 됐는데 내 시간에 수강하러 온 분들에게 간증을 시켜 일일이 다 들어봤다. 97%가 마약 중독자 출신이고 나머지는 알코올중독자, 게임중독자, 도박중독자 출신이고 또는 병 때문에 온 사람도 있었다. 이들 대부분은 평생에 학문과는 상관없이 살던 사람들이라 강의 듣는 것도 고역이란 생각이 들어 조금 융통성 있게 수업을 진행했다. 그 날 저녁은 우리가 전체 수강생들에게 염소 고기로 대접을 했다.

목요일에는 내가 감기가 심해져서 기침 콧물 목 아픔 등등 강의하기에 버거워 오후 강의를 안산에서 온 홍 목사에게 부탁을 하라는 감동이 왔다. 사실 강 목사 오 목사 홍 목사 등 그 분들도 강의 준비를 해 왔는데 정 목사와 내가 언제 또 올지 모르니 우리한테 맡기고 그들은 강의를 하지 않고 다른 면으로 섬기던 중이었는데 이 참 저 참 홍 목사에게 시간을 드리는 것이 좋겠다고 판단하여 그렇게 하였다.

그런데 오후 말씀을 힘차게 전하고 숙소로 돌아 온 홍 목사가 힘들고 덥다고 웃통 벗고 쉬고 있는데 한국 그 분 사모님한테서 전화가 왔다. "당신 말씀 잘 전하시라"고 사모님은 그 날 금식을 했는데 "잘 하시고 있느냐?"고 전화를 한 것이었다. 순간 나는 내가 그 분에게 시간 드린 것이 얼마나 잘한 일인가 하는 생각과 이것도 주님의 인도하심이란 생각을 하게 됐다.

이 날 저녁은 현지인 목사님들이 우리를 좋은 식당으로 안내하여 큰 대접을 받았다. 강의 사역은 목요일로 끝났고 금요일은 센터 및 교회 심방 다섯 군데를 도는 날이다. 감기 기운 때문에 약을 먹고 출발했더니 몸이 축축 처지는데 힘들었다. 몇 시간씩 차를 타고 달리며 눈에 들어오는 차창 밖의 농촌 들녁 풍경은 어디를 가나 한 폭의 수채화처럼 푸르고 아름다웠다. 가는 곳마다 철장 안의 사람들과 일반 방에서 생활하는 사람들이 있었다. 에이즈에 걸린 사람들에 의해 세워진 교회도 있었는데 본인보다도 상대방에 의해서 감염된 사례이다. 그 교회 남녀 교인들이 우리를 반가이 맞아주며 나름대로 성의껏 준비한 음식 접대도 받았다.

마지막 일정으로 7센터에서 한국인 소라 자매를 만나 거기서 같이 식사하고 귀국길에 올랐다. 금요일 밤 11시 넘어서 이륙하여 한국 인천공항에는 토요일 아침 6시쯤 도착했다. 밤비행기는 잠을 못 자니 말할 수 없이 피곤한데 주일준비를 해야 해서 쉬지 못하고 바로 업무에 복귀했다.

날씨는 25도 안팎으로 쾌적했지만 흐리고 비가 오는 날이 많아 날씨로 인해 더운 고생은 없었다. 금번에도 예측하지 못한 큰 은혜를 받고 왔고 색다른 경험을 했고 또 한 건의 선교의 씨앗을 뿌릴 수 있어서 감사했다.

▶ 다녀와서 동행했던 다섯 명은 십자선교회라는 공식 모임을 결성하게 되었다.

수강자들이 날씨가 더우니 저러고 밥을 먹는다.

베트남 세미나 참가자들

4. 안양대학교 불법매각 결사반대

지금은 교훈이 바뀌었지만 내가 신학교에 다니던 때에는 「주님께 충성, 타인에게 겸손, 자신에게 진실」이었다. 나는 이보다 더 좋은 교훈은 없다고 생각했고 학교를 졸업한지 사십년이 다 됐어도 지금도 나는 가끔 그 교훈을 떠올려 본다.

우리의 모교가 지금 몸살을 앓고 있다. 70년 이상의 전통을 가진 기독교 사학 안양대학교를 이사장이 불법매각을 시도하는 정황이 감지되어 교단 동문회 재학생들이 분연히 일어나 비상대책위원회를 꾸렸다. 기독교 단체도 아닌 타 종교에 넘기려고 했으니 이 분이 진짜 장로 맞나 싶고 현대판 가룟 유다가 아닌가 하는 의구심마저 든다. 지난번 세종정부청사 교육부 집회에 이어 오늘은 국회에서 집회가 열렸다.

어제 우리교회 수요기도회 때 안양대학교 문제를 놓고 통성기도를 하고 설교 시간에 잠깐 내용을 소개했다. 예배를 마치고 교우들과 인사 나누는 중에 남지우(여고 3년) 학생이 "목사님 저도 따라갈까요?" 그런다. 안 그래도 교인들 동원하라는 교단 본부의 권고도 있었지만 우리교회는 갈 사람이 없으니까 아예 나 혼자 가는 걸로 생각하고 기도만 요청한 것인데 지우가 따라가겠다니 매우 반가웠다. 게다가 지우가 이현진(고교 1년) 학생까지 동원하여 오늘 아침 셋이서 전철로 출발했다.

조금 일찍 도착하여 정찬모 목사를 국회 앞에서 만났다. 그 분 얘기가 학생들이 왔으니 국회도서관 투어를 먼저 시켜주자고 하여 급히 수속을 하고 들어갔다. 시간이 부족하여 여유 있게는 못 보고 대강 이렇게 생겼구나 하는 정도로 살펴보고 국회 구내식당에서 점심식사를 했다.

그리고는 예정된 시간 집회 장소로 이동하였다. 지난번보다 작은 400여 명의 인원이었지만 그래도 벌써 많은 대학 동문들 재학생들 각 언론사 기자들 피켓 펼침막 등등 허가 받은 대형집회 시위의 풍경이 한 눈에 들어왔다. 우리가 하는 식대로 1부는 예배 2부는 집회였다. 먼저 성명서 낭독에는 안양대학교 총학생회장, 신학대학 학생회장, 신학대학원 원우회장, 신학대학장 순서로 진행됐고 그 다음에는 외부인사 격려사로 한국장로교총연합회장, 한국기독교연합 대표회장이 맡았고 탄원서 낭독은 안양대학교 비상대책위원장 이은규 전총장이 했다. 구호제창은 데모대장 김영규 목사가 목이 터져라 선창을 했고 회중도 목청껏 불법매각을 규탄했다. 그리고 타 종교 피해자

학부모 대표가 피해사례를 발표하여 그 종교단체의 위험성을 만천하에 고발하였다. 마지막 순서는 우리 대표단이 국회 교육위원회에 탄원서를 가지고 관계자 면담을 위해 들어가고 우리는 교목실장의 기도로 집회를 마무리하였다. 내가 농담 삼아 세상적 표현(기독교적 표현은 아님)으로 "팔자에 없는 데모를 내가 몇 번씩이나 나오고 있다"고 하였다. 다음은 청와대 집회를 예고하고 있다.

모든 순서를 마치고 내려오는데 긴 시간 서 있었더니 다리가 아파서 역사에 좀 잠시 앉았다 갈까 하던 차에 지우가 "목사님 커피숍 가요. 엄마가 커피 값 주셨어요"그런다. "잘됐다. 들어가자"하고 커피숍에 들어갔더니 집회에 참석했던 많은 분들이 그 안에 있어 또 반갑게 만났다. 차 한 잔 하면서 아이들과 이런 저런 이야기를 나누고 귀갓길에 올랐다.

오늘 아이들한테는 국회체험과 어른들 사회의 분쟁을 보며 앞으로 이런 세상을 극복해 나가야 하는 것이 사람이 세상을 살아가는 모습이라는 걸 보여줬는데 나름대로 교육적 가치가 있었다고 생각이 됐다. 아이들이 함께 가서 지루하지 않았고 아이들한테도 귀한 경험이 됐다고 생각하니 하루가 보람이 있었다. 아이들을 집에다 바래다주고 나는 경기도 민원실에 볼 일이 있어서 겨우 퇴근 전 갔다가 거기서 바로 후배 천 목사 사모상 조문을 다녀오므로 하루 일과를 마쳤다. 조금 일찍 세상을 떠난 고인을 보내는 가족들의 이별의 슬픔이 얼마나 클까를 생각하며 잠시 아픈 마음을 전하고 왔다.

국회 시위에 참가한 이현진, 남지우(뒷줄)

5. 교단 문학회 다녀온 이야기

대신 교단 문인들 중심으로 결성된 푸른초장문확회 정기총회가 서울중앙교회에서 있어서 동료 임문길 목사 차를 얻어 타고 가게 됐다. 그 분 운전솜씨가 매우 터프 하신 데다가 나하고 얘기하느라 왕 터프가이 실력을 발휘하여 고속도로에서 세 번이나 출구를 지나쳐 한참을 가서 유턴해오니 일찍 출발했음에도 불구하고 모임 시간에 지각은 당연한 것이었다. 그렇지만 조금 늦기는 했어도 그 분과 나눈 얘기 중에 참고가 될 만한 것들이 있어서 여기에 옮겨 적는다.

먼저 나눈 얘기는 「친구」라는 주제였다. 당신이 신혼 땐지 사모님이 집이 없는 것으로 인하여 약간의 서러운 일을 겪고 그 목사님이 집을 사야겠다는 결심으로 어느 아파트를 계약하게 됐다. 계약금도 없어서 고등학교 때 친구한테 얘기했더니 묻지도 않고 따지지도 않고 두 말 없이 빌려줬는데 물론 며칠 후 바로 돌려줬지만 그게 지금까지도 고맙다는 애기였다. 진정한 친구는 계산하고 따지지 않을 정도로 가까운 사이임을 말했다.

보통 친구라 하면 나이가 같거나 동급생 등을 말하지만 광의(廣義)로 보면 나이에 관계없이 가까이 지내는 사람은 다 친구이다. 나이가 많든 적든 진심을 나눌 수 있는 사람이면 친구이고 그런 친구가 있다는 것은 행복한 일이다. 그러나 사람은 대개 변할 수 있으므로 진정한 친구는 예수 그리스도 밖에 없다고 해도 과언은 아니다.

그 다음 나눈 얘기는 「보증」에 대한 얘기였다. 대개는 잠언에 있는 말씀을 보고 보증을 서지 말아야 된다고 말하지만 좀 더 깊이 살펴보면 다른 해석이 가능하다는 얘기였다.

잠11:15 "타인을 위하여 보증이 되는 자는 손해를 당하여도 보증이 되기를 싫어하는 자는 평안하니라"

잠22:26 "너는 사람과 더불어 손을 잡지 말며 남의 빚에 보증을 서지 말라"

위 두 말씀을 얼핏 보면 보증은 무조건 서면 안 된다는 것인데 그게 아니다. 남(타인)한테 서지 말라는 것이지 식구(가족)한테 서지 말라는 것이 아니다. 그렇다고 식구면 무조건 서야 된다는 것은 물론 아니다. 진정한 가족이라면 경우에 따라서는 설 수도 있고 남이라도 식구처럼 지내는 정도면 보증을 설 수도 있다는 얘기이다.

교회가 성도에게 보증을 요구했을 때 보증을 설 수 있을 정도의 교인이 많다면 그만큼 핵심 멤버가 많은 것이다. 물론 교인은 교회 대출에 무조건 보증을 서야 한다는 식으로 해석을 해서는 안 되겠지만 사람에 따라서 설 수도 있는 믿음이면 하나님께서 기뻐하실 수 있는 일이라는 것이다. 성경을 너무 문자적으로 또는 율법적으로 해석해서는 안 된다. 충분한 자금 준비 없이 예배당을 건축하고 부채에 시달리며 보증 문제로 고민하는 교회들이 많은 걸로 알고 있다. 잘 판단해서 진행하여 부작용이 없기를 바란다.

그리고 나눈 얘기는 「이자」라는 주제였다.

신23:20 "타국인에게 네가 꾸어주면 이자를 받아도 되거니와 네 형제에게 꾸어주거든 이자를 받지 말라 그리하면 네 하나님 여호와께서 네가 들어가서 차지할 땅에서 네 손으로 하는 범사에 복을 내리시리라"

따라서 형제끼리 가족끼리 교인끼리 이자놀이는 비성경적이다. 더욱이 교회에 고리로 이자놀이 하는 사람도 있는데 다 성경적이지 않다는 얘기이다. 물론 교회 측에서는 당연히 이자를 드려야 하겠지만 채주는 교회에서 고리로 이자 받는 것은 좋은 일이 아니다. 당신은 형님들한테 돈을 빌려 쓰고 이자를 준비했지만 다시 내놓고 가도록 성경 말씀을 일러 줬다는 것이었다. 역시 그 목사님다운 행동이었다.

6. 우리는 "천국 노가다"

언젠가 내가 쓰는 글 중에 "노가다"라는 단어를 쓰며 밑에다 각주를 달아 "「노가다」라고 표현해야만 글이 실감 날 거 같아서 그렇게 썼으니 양해 바란다"는 취지의 멘트도 넣었다. 그럼에도 불구하고 국어를 사랑하는 유식한 분들의 강펀치는 있었다.

오늘 나는 다시 또 그 노가다에 대한 얘기를 하려고 한다. 우리 국민들은 많은 사람들이 반일 감정 때문에 일제의 잔재를 없앤다고 일본어 비슷한 말만 해도 알레르기 반응을 보이는 이들이 있다. 영어는 그렇게 섞어 쓰면서 말이다. 일면 이해는 가지만 그렇다고 그렇게까지 할 필요가 있나 하는 생각도 교차한다. 일본을 반대하기보다는 일본을 이기려고 열심히 노력하는 자세가 더 필요하지 않을까 한다. 요새 국가에서 일제의 잔재를 없앤다고 우리와 친숙한 동요도 없애고 사람도 친일파 가려내고 정죄하느라 바쁘고 어쩌고저쩌고 하는 소리를 듣는다. 꼭 그래야만 되는 건지 무지한 나로서는 고개를 갸우뚱하게 된다.

엄밀히 따지면 노가다는 막일꾼의 비표준어이며 정확하게 일본어로 표현하자면 "도가다"이다. 표준어는 "교양 있는 사람들이 두루 쓰는 현대 서울말로 정함을 원칙으로 한다"고 되어 있다. 그런데 "노가다"는 서울 사람이나 지방 사람이나 교양이 있거나 없거나 두루 많이 쓰는 말인 걸로 알고 있다. 최근에는 무분별하게 신조어도 많이 생겨 그것이 정규 단어로 등재되던데 그럴 바엔 "노가다"도 정규 단어로 확정해 주면 안 되는 건가 하는 생각도 해 봤다.

최근 나는 달수로는 세 달 여 기간 동안 노가다를 했다. 강화 교동도 다니엘수련원 보수공사에 하나님의 백성들 여섯 분이 자원하여 미니 풀장을 만들었고 시설 내 녹슨 철 구조물들을 전부 새롭게 페인팅 하는 작업을 기쁨과 감사로 섬겨 주셨다.

매일 설교 준비하기도 바쁜 목회생활인데 거기다가 노가다까지 하려니 시간이 부족하고 힘도 부족하고 기술도 부족한데 뜻하지 않게 하나님께서 사람들을 붙여주셨고 건강도 주시고 시간도 적절히 조정하여 쓸 수 있도록 지혜를 주셔서 대 수술을 한 것이다.

일의 시작은 원래 우리 수련원 시설 중 십자가 첨탑이 불안정하게 세워져 있어서 그걸 바로 잡고 몇 가지 잡일을 구상 중에 있었다. 그런데 베트남에 같이 갔던 목사님 중에 건축 설비에 기술 있으신 분이 계셔서 가서 한 번 보자고 했던 것이고 그리고 거기는 사시사철 자연수가 흐르니 그 물을 이용하여 아이들 물놀이 할 수 있는 미니 풀장

하나 만들 수 있는가를 살펴보자고 하여 날을 잡았다. 그런데 그들은 가자마자 바로 일을 시작하여 10여일 합숙하면서, 밥 해 먹어 가면서 작업하여 미니 풀장을 완성한 후 대전 팀 강 목사와 오 목사는 철수 하였다. 정말 많은 수고를 하여 주심에 깊은 감사를 드린다.

그 후 홍영표 목사가 페인팅 작업을 계속 했는데 이건 시일이 걸려 총 22일을 섬겨 주셨고 강남기 목사도 하루 시멘트 작업 하는 일에 봉사하였고 수련원 관리장님도 거의 함께 하여 그 분은 주로 식사 당번을 많이 했다.

인력을 사서 하자면 인건비만 해도 적잖이 소요될 건데 그 분들이 대부분 섬겨주셔서 자재비만 들어가고 나머지는 완전히 노가다 봉사였다. 그 분들이 아니었다면 그 일을 한다는 것은 생각지도 못했는데 뜻하지 않게 그 분들이 헌신적으로 섬겨주셔서 여러 가지를 다 손 보게 된 것이다.

홍 목사는 우리 교회 페인팅 작업까지 하여 한 달여 기간을 섬겨 주셨다.

강화 일을 끝내고 바로 교회 페인팅 작업을 계속 하다 보니 힘이 든다. 안 하던 노가다를 장기간 하는 중이라 몸도 지치고 시간도 기고 버거운 일정이다.

홍 목사의 지론 "세상 노가다는 돈 받고 하지만 천국 노가다는 돈 내고 하는 것이다."

지붕에 올라간 이는 강민규 목사, 오봉용 목사, 필자

수원서부경찰서 경목회 일일수련회가 우리 다니엘수련원에서 있었다.
사진은 교동투어 중 교동사랑회 사무실에 들렀다.

7. 우리는 하늘나라의 연예인이었다

출국일이 가까워 오면서 우리는 동일하게 기대와 설렘과 긴장감이 있었다. 늦게 합류한 수정이는 카톡에 디데이를 설정해 놓고 카운트하고 있고, 지우는 나한테 "목사님 22일 남았어요. 일주일 남았어요." 이렇게 말하며 우리는 서로 간 단기선교에 대한 거룩한 부담감이 있는 것을 감지할 수 있었다.

여행사마다 출발 두 시간 전까지 공항으로 나오라고 하니까 다 그 시간에 나와 혼잡하여 차실을 빚는 사례를 몇 번 경험하여 우리는 아예 우리 집에서 점심 같이 먹고 오후 3시 쯤 일찍 출발하였다. 셀프 출국 수속기로 티켓을 빼고 짐 부치고 일찍 들어가서 사진도 찍고 이야기도 나누면서 시간 보내다가 밤 9시 25분 이륙하여 클라크에 도착한 시각은 한국 시간으로 새벽 1시 25분이었다. 마중 나온 김동훈 선교사를 만나 그럭저럭 호텔 숙소에 도착한 시각은 2시 30분쯤 되었다. 대충 씻고 1박을 했다.

화요일 아침 8시. 오토바이를 개조하여 만든 삼륜자동차 트라이시클을 타고 아가페 교회에 가니 한국에서 유 목사 일행 다섯 분이 와 있다. 그들과 인사 나누고 식사 같이 하고 일과를 시작했다. 오전 10시 첫 강의를 내가 전반적인 기조 강연으로 시작했다. 작년에 이어 수강생 대부분은 낯익은 얼굴들 20여 명이었다. 지우와 수정이도 이 강연을 들으면 유익한 내용이라고 생각했는데 태권도 시간과 겹쳐 참석하지는 못했다. 그것은 이 날 필리핀은 태풍으로 각급학교가 휴교라 우리는 태권도 수업을 종일 할 수가 있었기 때문이었다.

오후에 신학생들 앞에서 태권도 시범을 한 번 보였다. 그리고 일과 끝나고는 김 선교사가 학교 부지에 같이 가보자고 하여 지우와 수정이도 동행했다. 그런데 좀 가다보니 여기도 차가 밀린다. 나도 아이들도 하루 종일 사역에 약간 피곤한데 차는 밀리고 갈 길은 멀고 거 참 난감했다. 특히 수정이가 배고파하는 것 같았는데 어디 밥 먹을 데도 없었다. 그러다 조금 더 어느 시점에 가니 차가 빠지기 시작하여 졸리비에 들어가 치킨으로 저녁을 해결하고 현장에 도착했다. 금세 어두워져서 핸드폰 손전등으로 불을 밝히고 부지를 둘러보고 거기서 기도 한 번 세게 하고 돌아왔다.

수요일 새벽. 잠이 일찍 깼다. 외국에 나왔어도 새벽기도는 하라는 하나님의 사인으로 알고 혼자 침대에서 앉은 채로 기도를 드렸다. 아이들이 아침식사 전 동네 한 바퀴 돌자고 해서 산책을 하고 커피숍에서 차 한 잔 마시고 출근했다. 1교시까지 어제 못다 한 기조 강연을 마무리 하고 바로 설교학 수업을 내가 작성한 교안으로 강의 했다.

수요예배는 하베스트교회에서 드리기로 예정이 되어 있어서 조금 이른 저녁을 먹고 출발했다. 한참 가는데 옆으로 지나가던 트라이시클 운전자가 우리 차를 향하여 강한 손짓을 한다. 차에 문제가 있다는 것을 직감하고 김 선교사가 도로변에 비상 정차를 하고 보니 휘발유가 줄줄 새고 있다. 본 네트를 열어봤으나 자동차 정비에 관련한 전문 지식이 없는 우리로서는 거기가 버스 다니는 대로변인데 답답할 뿐이었다. 몇 분 후 어떤 아저씨가 오토바이를 타고 가다가 세우더니 "왜 그러느냐? 무슨 문제가 있느냐?"고 하여 "고장"이라고 대답했다. 그랬더니 그 분은 두 말 않고 자동차 밑으로 기어들어가 원인을 찾아 자기가 관련 분야에 근무하는 사람인데 퇴근길이라며 자기를 소개하고는 인근 카센터에 가서 연장을 빌려다가 30여분 만에 응급조치를 해준다. 그 분은 하나님이 보내주신 천사였다.

그나마 그 분 때문에 예배 시간에 많이 늦지는 않고 조금 늦었다. 열정적인 찬양이 드려지고 있었다. 우리가 교회에 도착하자 바로 예배가 시작되었다. 유 목사 일행의 특송과 홍 전도사의 몸찬양 그리고 태권도 시범이 있었다. 금년에는 지우와 수정이가 함께 해서 그런지 품새도 좋았고 특히 송판 격파 시에는 뜨거운 환호가 있었다. 둘이 하니까 훨씬 보기에도 좋았다. 이 날 설교는 내가 한국말로 했고 타갈로그어 통역은 「알라나」가 했고 내가 영어로 축도를 했다. 예배 마친 후 단체사진 찍고 지우와 수정이는 이 사람 저 사람 모델을 좀 했다.

목요일 새벽에도 잠이 일찍 깨서 역시 새벽기도를 했다. 오늘은 걸어서 출근하였고 종일 설교학 강의를 하여 지난 해 시작한 「설교학」 강의를 완전히 마쳤다. 그리고 신학생 중 두 사람만 수강 소감을 발표하라고 했더니 나이가 제일 많은 할아버지 생도가 선뜻 일어나 나왔다.

"설교학 강의를 통해 많은 걸 배웠다. 번갯불 같은 은혜를 받았다. 설교에 자신을 얻게 됐다."

그 다음엔 대학에서 성악을 전공한 자매가 나왔다.

"설교학 강의를 들으면서 넘치는 큰 은혜를 받았다. 어떻게 설교를 해야 할지, 무슨 설교를 해야 할지 난감했는데 감이 잡혔고 그 외에도 너무나 귀한 시간이었다. 정말 감사하다."

설교학 강의를 마치고 생도들과 인사 나누고 나니 그 중 한 자매가 나보고 사인을 해달라고 책을 가지고 나온다. 그래서 사인을 해줬더니 다른 생도들도 줄줄이 나왔다.

강의를 모두 마치고 강의실을 나오니 비가 주룩주룩 쏟아진다. 사실 이번 주에는 계속 비가 내려서 햇볕은 별로 보지를 못했다. 후텁지근한 날씨였지만 우기라 생각보다는 덜 더웠다. 다만 에어컨 시설이 없다 보니 땀은 가슴팍을 타고 스멀스멀 흘려 내렸다. 대문 밖을 보니 태권도 하던 아이들과 지우와 수정이가 그 비를 그대로 다 맞으면서 수돗가에서 물을 퍼다 물싸움 놀이를 얼마나 신나게 노는지 온 동네가 다 떠들썩할 정도였고 모두들 물에 빠진 생쥐 같았다. 그래도 그렇게 아이들하고 놀아주는 것만 해도 그들에게는 큰 위로와 기쁨이 되는 걸 볼 수 있었다.

저녁에는 아가페교회 집회와 태권도 종합 발표회가 있는 날이다. 먼저 예배를 드렸다. 내가 설교하고 김 선교사가 통역했다. 제목은 "하나님의 영광을 위하여"였다. 태권도를 하는 것도 하나님의 영광을 위하여, 공부하는 것도 하나님의 영광을 위하여, 돈 버는 것도 하나님의 영광을 위하여, 그러면 나에게도 영광이 된다는 요지로 말씀을 전했다. 유 목사의 축도로 예배를 마치고 바로 태권도 발표회 시간을 가졌다. 30여 명의 학생들이 며칠 사이에 익힌 실력과 그 열기가 대단했다. 특히 수련생 한 명 한 명이 송판 발차기 격파 시에는 그 환호하는 소리가 정말 뜨거웠다. 마지막 지우하고 수정이가 품새 시범과 발차기 격파를 할 때는 압권이었다. 멋지고 열화와 같은 환호성이 있었다. 그리고 모든 순서가 끝나자 흥분한 수련생들이 약속이나 한 듯 한동안 "태권도!"를 연호하며 함성을 지르는데 마치 스크럼 짜고 데모하는 대학생들의 모습 같은 느낌이 있었다. 지우와 수정이는 여기저기 같이 사진 찍어주느라 완전 모델이었고 우는 아이들도 있었다. 다 끝나고도 아이들은 집에 갈 줄을 몰랐다. 그래서 일부는 생활관에 와서 저녁도 먹었다. 우리 사역 전체를 지켜본 누가 독백하듯 하는 소리가 들린다. "완전 감동이네. 감동이야~"

생활관 거실에 오니 또 어느 분이 나보고 "아이구, 목사님 좋으시겠어요. 저런 청년들이 목사님 따라 선교를 다니니 얼마나 감사한 일입니까? 요즘 아이들 쉽지 않은 일입니다. 한 학생은 목사님 딸이죠?" 그런다. 그래서 "아, 네. 딸은 딸인데 집사님 딸입니다. 저하고 자주 같이 다녀서 그런 소리 종종 듣습니다." 그랬더니 지우가 "목사님 따라 다니니까 너무 좋아요"그런다. 그래서 지우하고 손을 잡았더니 유 목사가 보고 "목사님 보기 좋아요. 그대로 잠깐 만요. 사진 좀 찍겠습니다."그런다.

그 날 호텔에 와서 자는데 마지막 시간은 파이널 축제였다는 생각과 사인해 주고 모델해 주고 그런 잔영이 클로즈업되면서 "우린 하늘나라 연예인이었구나."하는 생각이 불현 듯 스쳐갔다. 요번 세미나는 다른 강사 없이 나 혼자 강의를 거의 다했다. 김치 담그기 실습과 한국어 수업 한 시간 정도만 다른 분이 했고 그 외엔 거의 내가 감당했지만 우리교회 누가 나한테 "최상의 컨디션으로 사역 잘 감당하도록 기도한다."고 카톡을 보내왔는데 정말 최상의 컨디션으로 무난하게 사역을 잘 감당하였다.

금요일에는 사역 없이 아이들의 요청을 따라 수빅 바닷가에 다녀오기로 하여 우리 셋과 김 선교사 유 목사 박 전도사 그렇게 차를 타고 고속도로를 1시간 정도 질주하여 수빅 바닷가에서 하루를 보냈다. 다행히 박 전도사가 수영을 잘해 아이들 안전사고 없게 책임지고 놀라는 미션을 줘서 내보내고 우리는 해변 벤치에 앉아서 사역 이야기를 많이 나눴다. 유 목사가 나보고 무슨 설교를 원고도 없이 그렇게 유창하게 잘하느냐고 칭찬한다. 아가페교회에서 내가 하는 즉흥설교를 듣고 하는 소리였다. 돌아와서 저녁 먹고 백화점 들러 귀국길에 올랐다. 클라크 공항에서 김 선교사와 마지막 인사 나누는데 지우와 수정이가 쓰고 남은 패소를 다 헌금하고 수정이가 "선교사님, 내년에 봬요"하는데 또 감동이었다.

클라크에서 출국 수속 다하고 대합실에 와서 대기하고 있는데 에어컨을 얼마나 세게 틀어놨는지 아니면 내 컨디션이 안 좋았는지 추워서 혼났다. 다른 옷은 이미 캐리어에 담아서 짐으로 부치고 더 입을 옷은 없고 어디 따듯한 데는 없고 그러던 참에 지우가 내가 추워 보이니까 자기 남방을 벗어서 나 입으라고 줬는데 좀 있다가 보니까 그런 지우는 안 추운가 싶어서 다시 벗어 주고 떨다 왔더니 안 그래도 숙면을 못했고 피로가 겹쳐서 한국 공항 내리면서 목이 잠기면서 가벼운 감기가 왔다. 태풍 링링으로 비행기가 딜레이 되었지만 그래도 안전하게 토요일 아침 9시 쯤 집에 도착하니 감사한 마음 가득이었다.

◎ 지우와 수정이는 모두 태권도 4단인데 지금 각각 대학에 재학중이다.

선교후기1 남지우(강은교회 선교봉사단 태권도 마스터)

필리핀 가서 보일 태권도 시범과 아이들 가르칠 태권도 수업 준비를 하면서 과연 우리가 30명을 감당할 수 있을지 걱정도 되고 또 한편으로는 선교 여행을 간다는 생각에 마음이 많이 설레였습니다.

선교지에 도착했을 때 아이들이 "지우 마스터~"라고 반갑게 맞아주었는데 저를 잊지 않았다는 것이 고마웠고 1년 동안 얼마나 기다렸을지 생각하니 미안하기도 했습니다. 그래서 아이들에게 보답 하려고 태권도의 기술을 최대한 많이 가르쳐주려 했습니다. 아이들은 작년에 배웠던 기본동작들을 거의 다 기억하고 있었으며 덕분에 수업 진도를 빨리 뺄 수 있었습니다. 수업이 끝난 후 아이들이 품새를 알려

달라며 저희를 붙잡을 때는 감동이었고 선교 사역을 하면서 가장 큰 보람을 느꼈습니다.

저희는 선교사님께 내년에도 오겠다는 약속을 드리고 한국으로 입국했습니다. 이번 사역에도 성령님이 함께해 주신 덕분에 잘 마무리 되었으며 우리 강은교회 선교활동이 아가페 교회에 좋은 영향력을 주었을 거라고 믿습니다. 사역을 잘 감당할 수 있도록 늘 도와주시는 우리 황화진 담임목사님께 감사드리고 사역을 허락해주신 하나님께 영광을 드립니다!

선교후기2 윤수정(강은교회 선교봉사단 태권도 마스터)

난생처음 선교여행을 가기로 했는데 '선교여행을 이렇게 쉽게 가도 되는 건가?'라는 의문과 두려움과 설렘이 많았습니다. 주변에서 선교여행은 여행이 아니라고 기대하지 말라고 말해줘서 정말 하나도 기대하지 않고 갔습니다. 선교사님 집에서 필리핀 음식을 처음 먹어보고 일주일 지낼 걸 생각하니 큰일 났다는 느낌이었습니다.

아이들을 처음 봤는데 남지우를 엄청 반가워해서 신기했고 나도 이렇게 친해질 수 있을지 걱정도 됐지만 이내 친해졌고 선교여행을 오는 이유도 알게 됐습니다. 다음날 수업이 계속 기다려졌고 아이들을 만날 생각에 설렜습니다.

그리고 또 사람들 앞에서 태권도 시범을 처음 해봤는데 너무 어려웠습니다. 그동안 지우 혼자 태권도를 가르치고 시범까지 보였다니 정말 힘들었을 것 같은 생각이 들었습니다.

황화진 목사님과 선교사님 남지우 그리고 다른 목회자 분들과 함께 한 이번 선교여행은 매우 도전적이었고 새로운 것들을 많이 배울 수 있었고 정말 잊을 수 없는 추억들로 가득했습니다. 특히 이번 여행으로 진로를 찾게 되어서 더 뜻 깊었습니다.

선교후기3 황화진(강은교회 선교봉사단장)

그곳에 희망을 심다

태어나 보니 코피노
사는 동네는 무허가 판자촌
도로 하나만 건너도
평범한 도시인데
코피노 동네는
왜 그렇게 더러운 걸까
아, 이 세상은
참으로 공평하지 못하다.

그러나
그들도 귀한 영혼이고
거기도 사람 사는 동네이다.
그들도 우리와 똑같이 밥 먹고
학교 가고 직장도 다닌다.

열악한 주거환경
못 미치는 문화적 혜택
건너편 동네를 보니
언감생심
다 그림의 떡일 뿐이다.

그래도
희망을 향하여 나아가는
그들에게 복음을 전하고
그들에게 태권도를 가르치고
그들과 놀아주고
그들의 땀 냄새를 맡으며
그들의 삶에 동참했던 한 주간
우린 불편한 중에도
불편한 줄을 몰랐다.
그냥 더 함께해 주지 못함이
미안할 뿐이었다.

필리핀 클라크 공항 (좌)윤수정 (우)남지우

필리핀 아이들에게 품새를 가르치는 모습

해외 선교여행에 늘 한 역할을 하는 지우

8. 후배 박 목사의 소천 소식을 듣고

페이스북에서인지 교단 밴드에서인지 박 목사님이 나한테 나의 작품이 실린 찬양 CD집을 구할 수 있느냐고 문의해 왔다. 나는 그 분을 한 번도 뵌 일이 없고 또 내가 총회 일에 거의 참여를 하지 않는 편이라 후배들은 잘 모른다. 다만 SNS상에서 그 분이 암과 투병 중이라는 걸 알게 되었지만 일면식도 없던 차라 그저 안타까운 마음으로 기도하는 마음만 보태주었을 뿐이었다. 그런데 그 분이 내 찬양 시디 앨범 구매를 문의하셨기에 다음과 같은 편지를 보냈다.

"박 목사님, 얼굴을 뵙지는 못했지만 SNS를 통해서 교분을 나누게 되어 반갑습니다. 얼핏 투병 중이시라는 것도 알게 되었습니다. 주께서 치유해 주시기를 같이 기도합니다.

제가 고등학교 때 예수를 믿었는데 그 때 바로 하나님께서 은혜를 주셔서 음악도 모르면서 찬양곡 20여곡을 작곡하여 더러 시중에 나오기도 했습니다.

그러나 저작권 등록을 해야 하는 것은 요번에야 조유호 목사를 통해 알게 되어 그거 하느라 제작된 거구 제가 가수가 아니라서 노래는 잘 못하는데 잘 못해도 된다고 해서 그냥 부른 것입니다. 비전문가라 듣기 거북할 수도 있는데 구입을 문의하셨기에 그냥 보내드립니다.

아울러 책도 함께 보내드립니다. 거듭 박 목사님 건강 회복하시기를 기도합니다.

황화진 목사 드림

그 분이 내 우편물을 받자마자 암과 사투를 벌이는 힘든 중에도 다음과 같은 글을 교단 밴드에 올려 주셔서 나도 보게 되었다.

"주님의 은혜가 크셔서 존경하는 교단 총회원님들과 우리가 대신에서 함께 동역하게 됨이 자랑스러워 졸필을 들었습니다. 오늘 점심 후 항암을 지난 주말 마친 한림대 종양내과를 다녀오니 아내가 소포가 왔다며 작은 상자를 내밉니다. 받아서 보낸 이를 보니 황화진 선배 목사님께서 보내신 것이었습니다. 가슴에 감동이 뜨겁게 전달되어 왔습니다. 이름도 모를 후배에게 이번 음악 CD를 내게 된 배경, 건강이 안 좋은 것에 대한 기도해 주시는 마음이 영적으로 전달되는 뜨거운 후배에 대한 사랑, 강은교회를 한 눈에 볼 수 있는 사진첩. 첫 찬양1집 CD 하나하나에 묻어 나오는 목사님의 성품, 편하게 대할 수 있도록 배려하심. 우리는 이러한 좋으신 선배 목사님들과 함께 어떤 예기치 못한 일을 만난다 하여도 주님의 은혜 안에서, 질서 안에서, 더 크게는 하나님의 사랑 안에서 넉넉히 감당할 수 있으며 섬

길 수 있습니다.

앞으로 기독교의 영향력은 절대적으로 교세, 재정, 물질의 향배에 의하여 좌지우지 되는 시대가 아닙니다. 말씀이 그 입에 가까이 있느냐는 것입니다. 하나님 앞에서 담대한 종. 말씀 앞에 생명을 내놓을 수 있는 종. 진실과 거짓을 분명히 말할 수 있는 종. 내게 맡겨진 교회를 전심으로 섬길 수 있는 종의 시대입니다. 결코 살 길을 찾고자 하는 자에게는 두려움의 고통과 고난에서 자유롭기가 힘들 것입니다. 최근의 어려움을 우리는 자발적으로 이겨내고 온 교계 위에 작지만 강한 대신의 자생교단의 힘을 보이며 선후배가 하나 됨을 보여 주었습니다. 앞으로도 교단을 위해 헌신할 선배님들을 뵈올 때 든든합니다. 우리는 충분한 개혁파 교단으로 하나 됨을 보였고 앞으로도 건강한 교단으로 충분히 제 몫을 감당 할 것입니다. 대신 파이팅!♡♡

이 글을 올려놓고 몇 달 후 그 목사님은 세상을 떠나셨다고 한다. 우편물을 보내놓고 기회가 되면 한 번 병문을 해야겠다고 생각했는데 그 분은 그럴 시간적 여유를 주지 않고 급히 소천하신 것이다. 내가 부른 찬양, 보내드린 책을 통해서 은혜 받았다는 이야기를 후일 알게 됐다. 소자에게 냉수 한 그릇 대접한 것도 상이 있다고 했거늘 가신님에게 그렇게라도 잠시 위로를 드렸다니 감사한데 너무 일찍 세상을 뜨셔서 많이 아쉽다. 지금쯤은 눈물도 고통도 아픔도 없는 천국에서 평안한 안식을 누리리라 믿는다.

9. 시국집회 현장에 다녀오다

광화문에서는 태극기 집회가 열리고 서초구에서는 촛불집회가 열려 마치 서로 적군 대하듯 과열 양상이 연일 보도되었다. 나는 정치적으로나 신앙적으로나 보수적인 입장이지만 한 교회를 담임하고 있는 공인으로서 전면에 나서는 일은 하지 않고 조용히 기도만 하고 있었다.

그렇지만 나라가 좌경화 되고 공공연하게 사회주의를 찬양하는 행위가 서울 한 복판에서 버젓이 행해지고 있는 작금의 현실을 보고만 있기에는 마음에 짐이 됐고 교회는 세상을 향하여 바른 방향성을 제시해 주어야 하는 예언자적 사명이 있음을 간과할 수는 없는 일이라고 판단하였다.

그래서 그 현장을 오늘 가 보기로 했다. 서초구에서도 집회가 열린다면 거기도 가보고 객관적 평가를 하고 싶었는데 서초구 집회는 이미 철수하고 광화문 집회만 매주 열리며 청와대 앞에서는 매일 철야 기도가 진행이 되고 있다.

특히 자유한국당 황교안 대표가 추운 날씨에 청와대 분수대 노천에서 8일째 단식하다가 의식불명으로 병원으로 후송되고 그 뒤를 이어 정미경 최고위원과 신보라 의원이 바통을 이어 그 자리에서 단식에 들어가는 등 나라가 혼미한 상황이라 물론 기도는 하지만 나의 영적 기운을 보태야겠다는 마음이 발동하여 움직이게 됐다.

나는 촌사람이라 서울 지리도 잘 모르고 대중교통 이용도 어설프지만 큰맘 먹고 혼자 전철로 출발하였다. 종각에서 내려 광화문 쪽으로 걸어가는 길을 제대로 찾을까 하는 생각을 하며 지하철에서 올라오니 헤매고 자시고 할 것 없이 벌써 수많은 사람들이 그곳을 향하여 깃발 들고 행진해 가는 교회 성도들이나 단체들을 바로 만나 그대로 따라갔다.

광화문 광장에는 이미 수많은 사람들이 운집해 있었고 무대에서는 젊은이들의 문화행사가 현란하게 진행되고 있었다. 여러 명의 연사들이 나와서 시국 관련 연설도 하고 찬양도 하고 구호도 제창하고 플래시몹 연출도 있었다.

서울 한 복판 광화문 광장에서 문재인 퇴진을 외치는 스피커 소리가 쩌렁쩌렁 사방으로 울려 퍼지는데 이게 자유 민주국가에서나 볼 수 있는 풍경이기는 하지만 이토록 국론이 분열되고 국민을 좌파와 우파로 갈라놓은 정치가 매우 저급해 보이며 대통령의 리더십 부재라는 생각은 나만의 생각은 아닐 것이다. 언필칭 진정한 지도자는 편을 가르는 정치가 아니라 두 편을 하나로 아우르는 통합의 리더십을 발휘해야 하는 것인데 우리 대통령은 그 부분에 대해서 좀 아쉬운 감이 있다.

11시 반 쯤 현장에 도착하여 2시 반까지 있었는데 어디 앉을 데는 커녕 서 있을 데도 마땅치 않을 만큼 입추의 여지없이 수백만 인파로 인산인해를 이루었다. 다리도 아프고 내일 주일이라 주일 준비도 해야 하고 그래서 전광훈 목사 대회사까지만 듣고 현장을 빠져나왔다. 광화문 집회 총괄 대표인 전 목사에 대해서는 갑론을박 말이 많지만 나는 그 분과 학교 동기라 그 쪽은 no comment(緘口)하겠고 다만 그 분이 하는 애국운동은 대단하다는 느낌이었다. 시국집회라기보다는 기독교 집회 같은 분위기였고 그 열기는 하늘을 찌를 듯 했다.

귀갓길 전철역사로 들어가 화장실을 갔더니 집회에 온 사람들이 줄을 서서 차례를 기다리고 있었다. 그 시간대에 서울 광화문 주변 각 지하철역 화장실은 집회 참가자들로 붐비는 현상이었다. 지하철에 탑승해서는 다리가 아파서 앉고 싶었지만 자리는 전혀 없고 젊은 사람들이 자리를 비켜 줄 생각은 꿈에도 하지 않는 것을 보며 이 아이들이 내가 자리 양보 받을 만큼의 나이라고 보지 않는 것인가 아니면 버르장머리가 없는 것인가 하는 두 가지 생각을 해봤다. 오늘 나는 흘러

가는 세상 풍경을 보며 주님께서 이 나라를 지켜주시기를 간절히 기도하였다.

10. 인사교회 부흥회 강사로 다녀오다

내가 부흥회 강사로 나가는 것은 정말 어쩌다 있는 일이다. 강화 교동도 인사감리교회에서 새해 1일부터 3일간 하루 세 번씩 집회를 해달라고 보름 전에 연락을 받았다. 아니 무슨 부흥회를 이렇게 갑자기 해달라고 하나 하고 가서 물어봤더니 이미 지난 우리 여름수련회 때 이야기 했다는데 내가 가벼이 들은 것 같았다. 어쨌든 새해 첫날부터 심령대부흥회 강사로 가니 기분은 그런대로 괜찮았는데 고향이라 부담스러운 마음이 많았다. 예수님도 선지자가 고향에서는 힘들다는 말씀을 하시지 않았던가.

동네에 들어서니 부흥회를 알리는 현수막이 서너 군데 걸려있는 걸 볼 수 있었다. 조금 일찍 도착하여 해안가 민통선 철책선을 따라 둘러보고 약속된 시간에 교회로 갔다. 전정필 담임목사님 내외를 만나 첫 식사 대접하는 나재석 장로님 댁으로 갔다. 잠시 후에 우리 황 씨 집

안 아저씨뻘 되는 남자 권사님이 오셨는데 대뜸 한다는 소리가 “야! 너 크게 해라. 그래야 잘하는 거다”그러는 것이었다. 물론 격려 치원의 말이겠지만 거기가 나하고 개인적으로 만난 자리도 아니고 조금 공적으로 대해줬으면 좋았겠다는 마음이 들며 그런 소리가 마음에 한결 더 부담감으로 다가왔다. 식사 후 교회로 가니 벌써 사람들이 몰려들기 시작했다. 그 중에는 우리 시골 형님 내외와 모교회인 난정교회 그리고 양갑교회, 동산교회 등등 목사님들과 성도들이 지원사격으로 오시니 마치 마을의 축제가 시작된 느낌이었다.

강사 소개 받고 단에 섰는데 약간의 긴장감이 있었다. 그러나 그 아저씨 말마따나 그래도 힘차게 말씀을 전했다. 그렇지만 나의 표정은 그렇게 밝지 못했다는 생각이다. 숙소는 고등학교 동창인 안병집 장로님 댁이었다. 새로 지은 집인데 강사 방으로 설계를 하여 불편함이 없었다. 잠자리에 들었는데 오늘 집회가 내 역량 껏 되지 못했다는 자괴감이 약간 있었다. “주여! 내일부터는 제대로 하게 하옵소서.”

둘째 날 새벽. 어제의 부족함을 채우려는 듯 말씀에 영권이 따라주고 어제의 어색함도 사라지고 제 페이스를 찾았다. 새벽집회 마치고 나오는데 전 목사님이 “목사님 은혜 많이 받았습니다. 그리고 ‘강은교회 33년사’책을 어젯밤 우리 내외가 다 읽고 큰 은혜 받았습니다. 너무 훌륭하십니다.”그러는 것이었다. 오전집회도 자연스럽게 은혜 충만으로 인도했고 저녁집회는 더욱 강력한 메시지로 즐거운 집회로, 은혜집회로 이어갔다. 저녁집회에는 서한교회 교동중앙교회 교동교회 삼화교회 지석교회 등등 목사님과 성도들 그리고 안산 아름다운교회 노기용 목사까지 참여하였다. 예배 후 사무실에서 특별히 부탁받은 안수기도도 있었다.

셋째 날 새벽 오전 집회도 은혜 가운데 인도하였다. 그런데 준비한 내용보다는 현장에 따라 바꿔주시는 감동이 있어서 즉석 말씀이 많이 나왔다. 이날 저녁집회가 마지막인데 무학교회 고구리교회 그리고 감리교 강화북지방 장로연합회 임원단 등 강화 본도에서까지 집회 지원 차 많은 성도들이 참여하고 면장 조합장 노인회 이장 등등 지역 어르신들이 헌금을 보내든지 아니면 직접 참여 하든지 모두 동참해 주는 모습이 매우 보기 좋은 풍경이었고 시골 분들이라 순수하고 정도 많고 다 집안사람들이고 다 나하고 관련 있는 사람들이라 서로 인사 나누다 보면 연관 없는 사람이 거의 없다시피 했다. 고등학교 동창들도 졸업 후 처음으로 몇 사람 만났고 집회에 참여하기도 했다. 전 목사님은 내가 작곡한 노래들을 인터넷에서 다운받아 같이 부르고 나를 잘 모르고 초대했다며 자랑하고 높이는데 좀 쑥스러웠다.

집회 끝나고 오려고 보니 교우들이 각종 농산물이며 선물이며 등등 너무 대접을 받는 거 같아서 좀 황송했다. 아침밥을 집에서 연속 준비하신 황 권사님, 대룡리 식당에서 대접해 주신 권사님들과 교회 식당에서 대접하신 여선교회 회원님들 너무 감사했다. 내가 강사 대접받기에는 부족한 사람인데 주님의 축복하심을 기도할 뿐이었다.

2020년
인사교회 신년부흥회
강사 | 황화진목사 (강은교회, 다니엘수련원)
일시 | 2020년 1월 1일(수)-3일(금)
새벽 5:00 / 오전 10:30 / 저녁 7:00
장소 | 인사교회 본당
원가

11. 「대신」이면 충분하다

대한예수교장로회 대신 교단은 1961년 창립되어 이제 환갑의 나이가 됐다. 대신 교단은 대한신학교를 중심으로 세워진 교단인데 대한신학교는 교단 창립 훨씬 이전인 1948년도에 개교하였다. 당시는 무인가 신학교들이 난립했지만 대한신학교는 당시 문교부로부터 4년제 대학에 준하는 각종학교로 인가를 받아 운영한 정규 신학 교육기관으로 1969년도에는 국방부로부터 군종장교 후보생 지정학교로 인가를 받아 일찍이 군종장교를 파송하는 교단이 됐다.

이 대한신학교가 일반학부를 인가 받아 세를 확장하면서 경영부실로 남의 손에 넘어가 운영 주체가 바뀌었고 교명도 대신대학교에서 안양대학교로 바뀌어 오늘까지 피차 인준관계로 지내고 있다. 그 어간에 우리 대신 교단은 교단 신학의 필요성을 느껴 1996년도 당시 정부의 단설대학원법에 의하여 학교법인 대한신학대학원을 인가 받아 운영하게 되었다.

그런데 이 대학 역시 또 경영부실로 법정싸움에 교단의 진액을 빼더니 결국 어느 총회 때인지 그 때 「대한신학대학원은 우리 교단과 무관하다」는 결의를 해 버렸다. 그러자 대한신학대학원대학교에 재학 중인 총학생회 임원단이 우리교회 내 사무실을 찾아왔다. 「대신 교단을 보고 대신대학원에 입학했는데 지금 우리는 낙동강 오리알 신세가 됐으니 교단을 하나 창립해 주시던지 아니면 어떤 교단과 연결을 해 주시던지 어떻게 좀 해 달라」는 것이었다. 그 때나 지금이나 나는 교단에서 존재감이 없는 무명의 작은 교회 목회자이다. 그 문제를 해결할 수 있는 위치에 내가 있지도 않고 힘도 없는 처지라 학생들의 이야기를 청취하고 일단 돌려보냈다.

그들이 돌아가고 난 다음 가만히 생각해 보니 이참에 교단을 하나 설립해야겠다는 생각이 불현듯 들었다. 그도 그럴 것이 그 때에 내 절친 중에 한 분이 제법 사이즈가 되는 40여개 교회의 리더로 이리 갈까 저리 갈까를 고민하며 나한테 "교단 하나 창립할 생각 없냐?"는 요청이 있었던 때였기 때문이었다. 그래서 그 당시 문화체육관광부 앞으로 내가 교단 창립에 대한 질의를 했다. 그에 대하여 장관 명의로 회신이 왔는데 정부 허가사항이 아니고 임의단체로 자유롭게 설립해도 된다고 하여 곧 시행하려고 했다.

그러나 막상 생각해 보니 「내가 대신인인데…」라는 생각이 그 계획을 가로 막았다. 내가 대신의 사람이고 대신에서 신학의 기초를 닦았고 대신에서 안수 받고 대신의 사람으로 살아왔는데 하루아침에 대신을 버린다는 것에는 용기가 나질 않았다. 그래서 나를 따르려 했던 40여 개의 무소속 교회들은 그 통합의 대표선수 교단인 B교단으로 들어갔고 나를 찾아왔던 학생들은 졸업하고 우리 노회나 또는 타 교단으로 더러 가기도 했다.

그 후로 나는 한 번도 교단을 옮긴다든지 통합을 한다든지 심지어는 노회조차도 한 번 정했으면 주님이 가라고 하시지 않는 한 그냥 있어야 한다고 생각하고 묵묵히 자리를 지켜왔다. 그러면서 기회가 주어지는 대로 교단통합의 부당성에 대하여 교단 기관지인 한국교회 신보에 기고하여 통합을 추진하던 분들한테 서운하다는 소리도 더러 들었다.

그러나 지금 와서 생각해 보니 내가 교단 창립을 안 한 것도 잘한 일이고 통합한다고 많은 동료들이 같이 가자고 끌어당길 때도 묵묵히 거부했던 것도 참 잘했다는 생각이다.

우리 교단은 1994년도에 재단법인 대한예수교장로회(대신)총회 유지재단을 인가받아 지금 떠날 사람 다 떠나고도 1,300여 교회이다. 작지도 않고 크지도 않고 가장 적당한 사이즈로 근실하게 운영되는 아주 모범적인 개혁파 장로교단이다. 대신의 가치는 「노회중심 목회중심 선교중심」이고, 대신의 표어는 「이만팔천 동네에 가서 우물을 파라」이고, 우리의 영원한 교훈은 「주님께 충성 타인에게 겸손 자신에게 진실」이다. 더도 말고 덜도 말고 「대신」이면 충분하다.

대한예수교장로회 총회

12. 서울대학교 구 농과대학 캠퍼스를 걸으며

나이 스물이 넘도록 나는 교동이라는 작은 섬을 떠나 뭍에 발을 디딘 적이 서너 번이 전부였다. 그 중의 한 번이 농고 3학년 때 수원에 실습을 왔던 것이다. 수원농고, 서울농대, 농촌진흥청 작물시험장, 원예시험장, 축산시험장 등등 우리 반 아이들은 각각 흩어져서 실습을 했다. 오늘 나는 서울대학교 농과대학 구 캠퍼스를 걷다 보니 그 때의 일이 새록새록 떠오른다.

처음에 농촌진흥청에 실습생으로 들어갔는데 현 모 담임선생님께서 "너희들 실습 책임자 되시는 이동연 주사님이시다"라고 소개시켜 준다. 그 이름을 아직도 뚜렷이 기억하고 있지만 여기서는 가명을 쓴다. 주사라는 직위를 그 때 처음 알았다. 주사는 지금 6급 정도 되는 자리로 제법 위치가 있는 직위로 알고 있다. 그런데 그 분은 첫날부터 짜증만 내고 욕만 한다. 이를테면 우리가 공무원으로 발령 받아 온 게 아니므로 가르쳐 봤자 갈 놈들이니 귀찮다는 얘기다. 그런데 그 정도가 심하여 날이 갈수록 여간 스트레스가 아니었다.

그러던 어느 날은 그 분이 나한테 서류 정리를 시킨다. 깔끔하게 정리해 드렸다. 돌아온 답은 "이 새끼 글씬 잘 쓰네~"그런다. 내가 속으로 "야, 이 새끼야. 그럼 '황군 글씨를 잘 쓰는구나. 다른 일도 잘하겠군' 이렇게 얘기하면 어디가 덧나냐. 이 자식아"라고 속으로만 외쳤다. 얼마 후 고등학교 담임선생님이 실습생들 잘하고 있나 점검하러 왔다. 내가 선생님한테 퍼부었다. "아니, 주산지 바늘인지 하는 그 분 말이예요. 뭘 가르쳐 주는 건 없고 욕만 하는데 도저히 못 있겠습니다."

다른 학생은 이렇게 말한다.

"박사라고 해서 상당히 기대를 했는데 박사도 우리하고 똑같네요 뭐~"

담임선생님이 껄껄껄 웃으시더니 "너희들 고생이 많구나. 여기서 그런 것도 다 세상을 배우는 거다. 세상엔 좋은 사람들만 있는 것이 아니다. 그 속에서 우리가 어떻게 살아남을 것인지를 다양하게 배우는 것이다. 그리고 박사라고 해도 너희 말대로 우리와 다를 바 없다. 잘 견뎌내면 큰 공부가 될 것이다"

그 때 우리들은 촌놈들이라 진짜로 박사는 생긴 것도 잘 생기고 좀 뭔가 다르고 말도 품위가 있고 그럴 줄 알았다. 그런데 거친 말을 하던 나보다 더 심한 걸 보고 배울 게 없다고 생각했다. 그렇지만 지금에 와서 생각해 보니 담임선생님 말마따나 그 속에서 생존의 법칙을 배운 것이다. 언젠가는 수원농고 학생들과 한 주간 합숙을 하면서 지낸 적도 있었다. 그 때 나는 그들이 쓰는 언어와 그들의 정신세계가 촌뜨기인 나보다 훨씬 뛰어나다는 걸 느끼며 슬그머니 그들한테 많은 걸 배울 수 있었다. 세상 첫 경험인 수원에서의 실습생활은 힘만 들었고 배운 건 아무것도 없다고 생각하면서 몇 달 실습을 마치고 학교로 돌아갔다. 그래도 그 때부터 인연이 있었는지 나는 고등학교를 졸업하고 또 수원에 와서 잠시 사회생활을 시작하게 됐고 신학교 재학 중에는 친구로부터 소개받은 곳이 또 수원의 모 교회에서 전도사 사역을 하게 되었다. 그 교회에서 만 3년 사역을 했고 교회커플로 결혼을 했고 결국엔 수원에서 교회를 개척하여 근 40여년을 수원사람으로 살고 있다. 요새 나는 틈나는 대로 하루 만보 걷기를 주로 서울대학교 농과대학 구 캠퍼스 자리에서 하고 있다. 하루가 다르게 푸름이 짙어가는 풀과 나무들 그리고 형형색색의 아름다운 꽃들이 내 마음을 위로하고 기쁨을 준다. 과거 이 대학에서 많은 학생들이 공부하고 기숙사 생활을 하는 걸 나는 한없이 부러워한 적이 있었다. "저 형들은 얼마나 복이 많으면 이런 좋은 대학에 와서 캠퍼스의 낭만을 즐기며 공부를 하는가"하고 처량한 내 신세를 한탄해 보기도 했었다. 물론 그 후 나는 한국방송통신대학교에서 농학을 전공하여 농학사 학위를 수득하였지만 오늘 나는 서울대학교 농과대학 구 캠퍼스를 걸으며 급 떠오르는 지난날의 깊은 상념에 젖어 다시 한 번 나를 점검해 보았다.

13. 글자 한 자의 위력

가끔 동료가 메일을 보내온다.
"신문사에 보낼 글인데 한 번 봐 주세요"
그걸 받아들고 다 고치지 못한다.
그러면 내 글이 돼버리기 때문이다.

그래서 큰 틀은 놔두고
띄어쓰기 맞춤법 문장의 짜임새 등등
약간만 첨삭하여 보낸다.

카톡이 온다.
"근데 뭘 고쳤어요? 그대로 같은데~"
"아~ 네. 자세히 보세요.
뭘 고쳤는지 알면 수준이 올라간 겁니다"

가령 이런 거다.
어느 집 할아버지가 생신이 됐다.
손주가 카톡을 보낸다.
“할어버지 오래 사세요”라고 보낸 다는 게
“할아버지 오래 사네요”라고 보냈다.
완전 실수다.

“세”라고 쓴다는 게 “네”로 한 자 틀렸다.
근데 뜻은 완전 극과 극이다.
쥐약 먹으라는 소리 같다.

글의 첨삭은 글자 한 자만 고쳐도
전혀 다른 뜻이 될 수 있다.
글자 한 자가 문장을 매끄럽게도 할 수 있고
글자 한 자가 빠져서 투박하게도 된다.

그래서 글은 써놓고
바로 출가를 못 시킨다.
여러 번의 퇴고를 거친다.
보고 또 보고
백 번을 보면 백 번 고칠 데가 나온단다.

그러나 일단 어디다 올려놓으면
그 글에 대한 책임감 때문에
고칠 데가 눈에 번쩍 띈다.
그런 산고를 거쳐서
글이 만들어 진다.

14. 신학교의 추억

나는 고등학교 때부터 예수를 믿기 시작했다. 그 때 나는 없는 돈에 「한국기독교백년사」라는 세로쓰기로 된 책 한 질을 사서 다 읽었는데 큰 은혜가 됐다. 고등학교를 졸업하고 몇 년이 지나서야 나는 서울역 뒤 서부역 부근에 소재한 대한신학교(지금의 안양대학교)를 가게 됐다.

입학 후 강의 시간. 내 옆에 앉은 학우가 나보다 나이가 한참 형님인데 이야기하다 보니 그 분이 지금은 연락이 끊긴 소설가 박 모 씨로 내가 은혜 받은 책 바로 그 「한국기독교백년사」를 쓴 저자였다. 너무 반가웠다. 나는 원래 연예계보다 문학과 음악에 관심이 많았다. 그 분의 동생도 같은 과였는데 동생 분은 고등학교 영어선생을 하면서 야간에 신학교를 다녀 동창이 됐다. 당시 야간 신학교로 인가 받은 학교가 많지 않았던 때라 대신에는 세상에서 잘 나가던 사람들이 늦게 부름 받고 온 경우가 많았다. 다들 대단해 보였고 내가 제일 무녀리 같았다.

누구나 동창회가 있다. 초등학교 중학교 고등학교 대학교 대학원 등등. 나에게도 동창회는 대략 7개 정도가 있다. 그 중에 참여하는 동창회는 신학교 동창회 하나이다. 그 외는 다 토요일이나 주일 모이기 때문에 갈 수 없고 또 간다 해도 대부분 술 먹고 떠들고 노래방 가고 그런 문화에 익숙하지 않아 갈 필요성을 1도 못 느낀다.

나는 원래 79학번이다. 그런데 1학년을 두 번 다녀 80학번과 동창이 됐다. 그 때의 대한신학교는 4년제 대학에 준하는 각종학교로 학사학위도 주지 않던 때였다. 그렇지만 그 때 대부분 무인가 신학교가 난립되어 있던 시절 대한신학교는 당시 문교부의 인가를 받은 정식 대학교육기관이었다. 인가 난 신학교는 학도호국단이 있고 커리큘럼 중에 「교련」이라는 군사교육 과목이 있었다. 대신은 당시 운동장이 협소하여 인근 초등학교 운동장을 빌려 거기서 교련복을 입고 M1 모의 총을 들고 교련을 받았다. 제식훈련 총검술 16개 동작 등등

그 때 예비역들은 방학 때 예비군 훈련을 받았다. 4학년 여름방학 때 대한신학교 안양캠퍼스에서 9시에 예비군 훈련하는 걸로 공고가 되었다. 당일 나는 시간에 맞춰 대학 운동장에 올라갔다. 아무도 없다. 9시 20분까지 기다려도 아무도 안 온다. 내가 날짜를 착각했나 하고 다시 집으로 가려고 하는데 그 때 학생들이 하나 둘 올라온다. 내가 말했다.

"지금 시간이 몇 신데 이제야 오는가?"

친구들 답변이 가관이다.

"아니, 황화진 씨 그렇게 순진해 가지고 어떻게 목회할 거요?"

물론 농담이었다.

신학교를 졸업하니 바로 동창회가 조직되었다. 다른 동창회 같지 않아 우리는 예배드리고 회무처리하고 교제의 시간을 갖는다. 다들 돌아가며 동창회장도 하는데 나보고도 동창회장 언제 해야 되는 거 아니냐고 동창들이 얘기하면 나는 늘 "내가 마지막으로 하겠다"고 말했다. 그럼 눈치 빠른 동기들은 "으흠, 그럼 제일 오래 살겠다는 얘기구먼"그래서 모두들 웃곤 했다.

그런데 내가 동창회장을 하고 다른 동기생한테 바통을 넘겨주고는 교단이 분열되면서 우리 동창회는 그 후 거의 공식적인 모임을 갖지 못하고 있다. 우리 동기들이 근 3백여 명이 되는데 세상 뜬 이들도 꽤 여럿 있다. 교단분열! 그것은 우리 동창회마저 스톱시켜 놓고 말았다.

그리고 또 하나의 안타까운 일은 우리의 모교 안양대학교가 설립자 가족의 학교 경영 실패로 이사회 법인의 주인이 바뀌면서 대학은 몸살을 앓고 있다. 다름 아닌 모 종교단체가 안양대학교를 접수하겠다는 계획으로 이사회에 한 사람 한 사람 발을 들여놓다가 들통이 나서 학내소요는 재학생들로부터 졸업생들 대부분 교단 내 목회자들까지 동원되어 수년간 지금까지 법정 싸움과 세종 정부청사 교육부 앞과 국회 그리고 J대학교 앞 등 장외시위를 이어오고 있다. 안양대학교가 어서 속히 원상복귀 되기를 간절히 기도한다.

신학교 동기생들(좌로부터 박창규 목사, 이태영 목사, 박재승 목사, 필자)

15. 자전거로 한강을 다녀오다

1960년대 말 치열한 중학교 입학시험에 합격하였다. 그런데 막상 붙고 보니 통학하는 것이 문제였다. 학교까지는 20여리가 되는데 당시 교동 섬 안에 교통수단이라고는 소 구루마 밖에 없던 시절이라 자전거라도 있으면 최고였다. 그 때는 자전거가 짐차하고 신사용 딱 두 가지밖에 없었다. 요새처럼 사이즈대로 있는 것이 아니었다. 중고 자전거를 사서 배웠는데 내가 단신이라 씰룩씰룩 대면서 자전거로 통학을 했다. 그러다 어느 날 꼬마가 달려들어 교통사고를 내고는 주로 걸어서 통학을 했다. 그렇게 자전거를 접어둔지 50년도 넘었다. 더우기 객지에 나와서는 자전거를 타 본 일이 거의 없다. 중간에 자전거 타자는 소리를 몇 번 듣기는 했으나 "아니, 도시에서 자전거 탈 데가 어디 있나, 그 매연 먹으면서 무슨 자전거를 탄단 말인가"그러면서 일언지하에 거절하고 나는 줄곧 산을 다녔다.

2020년 7월. 동료 목회자가 오라해서 갔더니 자전거 타자하여 그 날 이후 자전거 모임이 급 회동되어 초교파 목회자 회원 13명 꿈나무의 집 꼬마 회원 4명 합하면 17명 정도가 모였다. 이 모임에는 트레이너 격인 이동운 목사가 자전거 사역을 하기 때문에 쉽게 바이크동호회가 형성됐다. 동네를 벗어난 교외 하천을 중심으로 자전거 도로가 얼마나 잘 돼 있는지 자전거를 타다 보면 주변이 그림이라는 생각이 든다. 매연 걱정은 기우였고 이런 데가 있었구나 하고 새삼 느낀다.

어제는 주일. 요새는 코로나19로 인하여 20명 이하의 비대면 영상촬영 관계자만 참석한 예배를 드리고 오후예배가 없어서 시간도 있으니 자전거 타자고 연락이 와서 나갔다. 두 분 목사님이 오셔서 안양까지 가자해서 그런 줄 알고 따라 나섰더니 서울 한강까지 가 잔다.

하천 따라 가는 길이 장관이다. 단순한 하천이 아니다. 완전 공원이다. 가는 중간 중간 대개의 다리 밑에는 악기 연주자들이 나와서 음악으로 흥을 돋우어 주고 있었다. 그리고 각종 체육시설과 꽃동산이 잘 단장되어 있고 수많은 시민들이 코스모스 하늘대는 한적한 가을날을 즐기는 풍경은 정말 자유대한민국의 평화로운 일상이구나 하는 생각을 하며 달리고 또 달렸다.

연인들의 데이트하는 모습, 자전거를 가족 단위로 타거나, 동호회에서 나왔거나, 나 홀로 나왔거나 수많은 자전거 인파와 걷는 사람 뛰는 사람 할 것 없이 하천은 인산인해였다. 자전거도 만 원짜리부터 기천만 원짜리까지 다양했고 중간 중간에 자전거를 수리하는 곳도 있고 간식을 파는 곳도 있다. 우리는 가다가 호떡과 공갈빵 하나씩 먹었는데 꿀맛이 따로 없었다.

드디어 서울 한강에 도착했다. 주로 수많은 자전거족들이 다 모였다. 하늘은 맑고 드높았다. 사람들의 표정 또한 밝고 한강까지 왔다는 만족감들로 풍성해 보였다. 잠시 앉아서 휴식을 취하고 인증샷 몇 방 날리고 우리는 또 수원까지 가야하니까 다시 페달을 밟았다.

오는 길은 벌써 땅거미가 내려앉기 시작하더니 금세 어두워졌다. 물론 드문드문 가로등도 있기는 하지만 하천이라 어두운 곳이 많아 대략 짐작으로 때려잡아 달렸다. 우리 세 명 다 라이트 없이 가다보니 앞에서 오는 팀한테 한 소리 들었다.

저녁 7시 금천 쯤 오니 에너지가 고갈되어 저녁을 먹고 가자고 하여 하천변 동네로 들어갔으나 마땅치가 않아 겨우 중국집 하나 찾아서 간짜장에 닭발을 먹었는데 짱 맛있었다. 수원 거의 다 와서 지지대 고개 쯤에서는 다리가 아파서 한참 쉬다 왔다.

집에 들어오니 밤10시 20분 씻고 나니 11시. 오후 2시 반 수원 출발하여 하루를 그렇게 보냈다. 그래도 생각지도 않은 한강을 자전거로 완주했다는 성취감도 있고 그만한 건강도 있음에 감사한 날이었다. 그런데 휴일이어서 그런지 사람들이 정말 많았고 그 많은 안파 속에서 살아 숨 쉬는 서울이 생동감 있는 도시라는 생각이 들었다. 자전거로 한강을 다녀오니 어딘들 못 가랴 하는 자신감도 얻었다.

바이크동호회원들(좌로부터 김한국, 최상순, 이동운, 황해진, 박성자, 필자)

아내와 라이딩 왕송저수지

16. 흘러 온 돈 흘려보내다

요새 나한테 돈 21만 원이 흘러들어왔다. 제일 먼저는 지난 번 동아시아신학원 탐방 갈 때 같은 차에 탄 여섯 분의 목사님 사모님한테 이 목사님이 만 원의 행복을 누리시라면서 만 원씩 줘서 1만 원이 생겼다, 그 다음엔 수원시에서 발행하는 홍보지 「와글와글」에 "서울농대구 캠퍼스를 걸으며"라는 수필 한 편을 써서 응모했더니 당선됐다고 원고료 5만 원이 왔다. 이제 6만원이다. 그 다음엔 고색동에 있는 어느 감리교회 코로나 예배 관련 상담해줬더니 내 개인계좌 모르니까 우리교회 법인통장으로 5만원을 보내왔다. 11만원이다. 그 다음은 우리교회 어느 성도가 이를테면 용돈 하라고 10만원을 보내왔다. 토탈 21만원이다. 이거 작은 돈이지만 작은 돈이 아니다. 한국교회 목사님들 대부분 최저 생활비도 되지 않는 적은 사례비를 받으며 사역을 한다. 그래서 목사님이나 사모님들이 다른 직장도 다니시면서 사역하는 경우도 많다. 물론 재정적으로 빵빵하다고 뻐기고 교만한 분들도 좀 있는 걸로 알고 있지만 대부분의 목사님들은 그런 야망은 갖지 않고 그저 사명으로 묵묵히 이 길을 가는 것이다. 세상 직업으로 생각한다면 누가 이 길을 가겠는가.

21만 원. 그래봤자 모임에서 밥 한 번 사면 날라 갈 돈인데 그렇게 쓰기보다는 좀 더 의미 있게 쓰고 싶은 마음이 생겼다. 그래서 내가 이걸 어디다 써야 잘 썼다고 할지 약간의 고민이 생겼다. 6만 원일 때까지만 해도 주변에 있는 그룹 홈 아이들한테 나눠줄까 했는데 금액이 좀 더 늘어나면서 생각이 달라졌다. 돈이 수백 만 원 수 천만 원이 들어온 것도 아닌데 고민을 하는 것은 작은 돈이라도 허투로 쓰면 안 되겠기 때문이다.

그러던 차에 작년과 올해 우리 수련원에 와서 전혀 임금 없이 수십 일 간 노동으로 봉사한 목사님들 생각이 났다. 그 중에서도 한 목사님은 베트남 선교를 주도적으로 하고 있으니 그 쪽 선교회에 보내야겠다는 생각으로 정리가 됐다. 그런데 그런 찰나에 다른 후배 목사님한테서 전화가 왔다.

"목사님, 코로나 때문에 어려우시죠? 저희도 아주 힘듭니다. 주변에 문 닫는 교회 소식도 몇 건 들었구요. 우리교회두 월세 3개월이 밀렸습니다. 기도해 주세요."

전화 끊고 가만히 생각해 보니 이 돈을 반으로 쪼개야겠다는 마음이 생겼다. 그래봤자 돈 십 만원이 무슨 힘이 되겠나 싶지만 그래도 동참하는 마음으로, 오병이어가 되기를 바라는 마음으로, 십시일반의 마음으로 두 군데로 나눠 보내드렸다. 과부 사정 과부가 안다 하지 않았나, 흘러들어 온 돈이니 나도 흘려보낸 것이다.

한국교회 대부분의 목사님들은 이렇게 사는 걸로 알고 있다. 상위 몇 프로는 누가 도서비 얼마를 주었느니 차를 바꿔주었느니 하는 소리도 못 들은 바는 아니지만 아마 대부분의 목사님들은 그와는 반대로 고학력에 최저 생활을 하되 하나님의 은혜로 사는 걸로 알고 있다. 그러니 가장으로서는 대부분 점수 안 나올 목사님들이 나를 포함해서 많다.

그런데 마음에 걸리는 게 있다. 그 1만 원을 주신 목사님은 물론 그런 의도로 주신 것은 아니겠지만 성경에 달란트의 비유처럼 장사하여 갑절의 이익이라도 남기면 더 재미있을 걸로 생각하고 주신 건 아닌가 하는 생각이다. 그런데 나는 아무 것도 남긴 것 없이 다 남 주고 말았으니 그 분에게는 아주 죄송한 마음이 든다. 수원의 어느 대형 교회 목사님은 어느 주일 교회에 나온 모든 성도들에게 동일하게 1만 원씩을 주고 알아서 쓰라고 하였다. 그냥 빵 사먹어도 되고 불쌍한 사람 줘도 되고 장사하여 이익을 남겨도 되고 맘대로 하라고 했더니 그 중에는 가령 떡 몇 개를 사다 팔고 이익금이 생기면 또 그렇게 하고 그러기를 몇 차례 반복하여 제법 이익을 남겨 온 그런 식의 성도들 이야기가 모아져 책으로 나왔다는 얘기를 들었다. 그런데 나는 그냥 다 흘려보냈다. 그래도 하나님은 받으셨으리라 믿는다.

바이크동호회 동아시아신학원 탐방

동아시아신학원 졸업식

17. 시험의 추억

반세기도 지난 이야기가 오늘 불현듯 떠올라 적어본다. 그 당시 내가 살던 섬 안에는 4개의 초등학교와 하나의 중학교가 있었다. 당연히 경쟁률이 치열할 수밖에 없었다. 만일 떨어지면 그 때 거기엔 학원 같은 게 없었기 때문에 초등학교를 7학년 8학년 또 다녀야 했고 그러고도 떨어지면 더 이상은 포기해야 했다.

그래서 학교에서 일괄적으로 과외를 시켰는데 당연히 담임선생님이 과외비 없이 방과 후에 아니 밤늦도록 학교에서 자원봉사를 하셨다. 그러면 밤중에 엄마들은 밤참을 해서 머리에 이고 온다. 배가 출출한 우리는 그거 먹고 그냥 당시 마루로 된 교실에서 자고 다음 날 수업을 받고 그러던 것이 초등학교 6학년 시절이었다.

드디어 입학시험 때가 되었다. 각 초등학교에서 수험번호를 정하여 중학교로 보내는데 좌석 배치를 "잘하는 애 못하는 애, 잘하는 애 못하는 애" 그렇게 배려하여 뒤에 앉은 학생을 슬슬 보여줘서 합격시키라는 무언의 암시였다. 다 그렇게 서로 돕고 살아야 한다는 것이었다. 지금은 그게 범죄이지만 그 때는 그것이 진짜 상부상조하는 미풍양속이었다. 내 앞은 97번 나는 98번 내 뒤는 99번. 내가 99번을 책임지고 합격시켜야 하는 미션이었다. 시험 끝나고 앞 친구가 말을 건다.

"잘 봤어?"

"아니, 잘 모르겠어"

"에이~ 내 옆구리 찔르지~ 천석이(가명)는 보여줬어?"

"어"

두근두근 합격자 발표 날. 간신히 내 이름을 찾았고 나는 무진장 기뻤다. 덕분에 난 그날 난생처음 짜장면이라는 인류 최대의 요리를 먹어보는 행운을 얻었다. 그런데 나보고 시험 잘 봤냐고 자기 옆구리 찔르지 그랬냐고 한 97번 친구는 떨어졌다. 그 친구 꺼 봤다가는 내 인생이 꼬일 뻔했다. 그의 아버지가 서러워서 눈물을 흘린다. 아니 승부의 세계가 이렇게 냉정한 거구나 하고 처음 경험하는 세상이 신기했다. 그렇게 중학교를 마치고 고등학교를 가게 되었다. 그 때 그 섬 안에 고등학교가 없어서 인천으로 유학을 가야 하는데 모 고등학교 입학시험에 떨어졌다. 나보다 실력이 낮은 학생들은 붙었는데 나는 떨어졌다. 개망신스러워서 혼났다.

1년 뒤 그 섬 안에 고등학교가 신설되어 나는 1회로 졸업을 하고 대학은 객지에 나와 만학을 했다. 대학교를 몇 군데 다녔지만 한국방송통신대학교에서 공부한 추억이 제일로 덕지덕지 붙어있다. 늘 F학점을 달고 살았다. 머리가 좋은 사람들은 4년이면 졸업하는데 난 석두(石頭)에다 주경야독하려니 7년이 걸렸다. 물론 10년 넘게 걸려서 졸업하는 사람들이 부지기수였다.

커닝은 대학 때 제일 많이 하는 것 같았다. 절대 커닝 하지 않고 정직하게만 하는 학생들도 있지만 대학 때는 대부분 약간의 경험은 다 있는 걸로 알고 있다. 다른 학생들을 보니 책상에 깨알같이 적어놓았다. 그런데 교수가 들어와서 갑자기 자리 바꾸라고 한다. 그러면 어떤 학생은 잽싸게 책상까지 들고 옮겨 버린다. 눈 깜짝할 사이에 벌어지는 일이다. 놀라운 실력(?)이고 놀라운 대범성이다. 실력(實力)으로 시험 보지 않고 시력(視力)으로 시험 보는 학생들 땜에 많이 웃었다.

난 영어 기초가 약해 취약과목이었다. 그래서 영어 잘하는 친구한테 몇 문제 보여 달라고 사전에 부탁 올렸더니 그러라고 한다. 안심하고 있었는데 그야말로 감독이 들어오더니 갑자기 자리를 바꾸라고 하는 바람에 이번에 또 떨어졌구나 했다. 성공도 못한 일에 가슴만 졸였다. 그런데 결과를 보니 그래도 간신히 F는 면했다. 아마도 그건 내 실력이 아니라 내가 그걸 하려고 그토록 애를 쓰니 하나님이 보시고 내가 불쌍해서 잘 찍도록 도와주신 것 같았다.

18. No Corona 시대를 바라본다

잠깐이면 끝날 줄 알았던 코로나19가 여전히 버티고 있다. 최첨단 과학의 발달로 안 되는 거 없고 못하는 거 없는 줄 알던 인류였는데 제동이 걸렸다. 그것은 분명 교만이다. 코로나19를 한 방에 날려버릴 백신 하나 제대로 만들지 못하고 또 만들었다는 데도 충분한 공급은 이루어지지 않고 있다. 지구촌 여기저기서 신음소리가 들려온다. 지금만 그런 것은 아니었다. 고대로부터 인간세계에는 전염병이 간간이 있었다. 대체적으로 전염병은 국지적 발생이 있었는데 이번에는 전 세계가 동시에 동일한 전염병으로 고통을 받고 있다. 아마도 역사상 처음 있는 일일 것이다. 가톨릭에서는 "대원군도 중단시키지 못했던 천주교 미사를 코로나19가 중단시켰다"는 말을 했고 한국교회는 "6·25 전쟁 때도 중단하지 않았던 예배를 중단하는 사상 초유의 사태까지 발생했다"고 논평을 냈다. 아울러 한국교회는 언택트 시대 즉 코로나 이후의 비대면 시대에 대한 대비책을 강구해야 할 새로운 미션을 받게 되었다. 지금 코로나19가 끝나질 않자 정부는 With Corona를 이야기 하는데 필자는 동의하지 않는다. 오직 No Corona 시대를 바라볼 뿐이다.

세계사에서도 주기적으로 전염병이 창궐했었는데 그때마다 전염병은 역사의 패러다임을 바꾸는 역할을 했다. 한 예로 14세기 유럽에 흑사병이 창궐했을 때에 유럽 인구 4분의 1이 사망했는데 결과적으로는 유럽은 르네상스 시대를 맞이하게 되는 성과가 있었다. 금번 코로나19 사태 이후에도 이와 같은 전화위복 아니 합력하여 선을 이루는 역사가 나타나기를 소원한다. 성경이 강조하는 독특한 원리는 하나님의 주권사상이다. 코로나19 바이러스도 하나님의 섭리 안에서 이루어진 일이다. 성경은 이런 고난을 자연적인 결과가 아닌 죄가 침투한 세상에 대한 하나님의 심판으로 간주하고 있다.

전염병에 관한 근거를 레위기 13장, 14장에서 찾아볼 수 있다. 전염병 확산을 막기 위해 우리가 14일간 자가 격리를 하는 것처럼 구약 시대에도 의심 환자를 최대 14일간 격리하였다. 레13:4,5에 보면 먼저 일주일간을 격리하고 그래도 안 나으면 또 일주일을 격리하여 총 14일을 격리시킨 기록이 있다. 마스크의 유래도 성경에 나온다. 레13:45 "나병 환자는 옷을 찢고 머리를 풀며 윗입술을 가리고 외치기를 부정하다 부정하다 할 것이요"라고 기록되었는데 여기 윗입술을 가리는 것이 마스크의 시작이다. 전염병은 이스라엘 백성이나 혹은 성도들의 불신앙 등을 향한 하나님의 벌로 내려질 수 있다. 한편 전염병은 종말의 예고편이기도 한다. 구약성경에서 재난은 자연재해와 전쟁, 질병으로 나타났다. 홍수, 지진, 메뚜기 창궐과 같은 것도 하나님께서 내리신 진노의 재앙이었다. 자연재해와 더불어 언약적 심판의 도구로 자주 사용되는 다른 하나는 전쟁이다. 이스라엘이 염병으로 고난 받은 것은 큰 틀에서 보면 그들이 하나님을 배반하고 우상을 섬겼기 때문이다. 그들은 하나님을 믿고 하나님의 뜻대로 살아야 할 하나님의 특별한 선택을 받은 민족이 아닌가. 기독교 용어는 아니지만 이해를 돕기 위하여 세상 말로 표현하자면 예수 믿어야 될 팔자란 말이다. 그런데 그들이 하나님 말씀 듣기를 거부하고 우상을 섬겼으니 그에 대한 진노가 전염병으로 나타난 것이다.

우리가 당하는 코로나19는 왜 왔을까? 조심스럽지만 일단은 우리도 하나님 뜻대로 살지 못하고 교만하고 방탕하고 하나님을 대적한 행위가 세계 도처에서 일어난 것만큼은 사실이기 때문에 하나님의 경고성 재앙이라고 볼 수도 있다. 그렇다면 회개하고 하나님 앞으로 빨리 돌아와야 한다. 교회를 제재하는 것만이 능사가 아니다. 오히려 방역수칙 지키면서 간절히 하나님 앞에 회개하고 예배하고 섬김을 다할 때 이 재앙은 빨리 끝낼 수 있을 것이다. 아무튼 전 세계적인 코로나19 사태가 빨리 종식되고 모든 나라가 제 자리로 돌아올 수 있기를 축복한다.

◎ 이 글은 서울경찰청 경찰선교회에서 발행하는 「월간 경찰선교」의 요청을 받고 썼다.

강은교회 탑동건물에서의 마지막 예배를 기념하여 코로나 중에도 참석한 이들과 함께

19. 트로트 찬양곡 선보인 황화진 목사

황화진 목사는 고등학교 때 예수를 믿게 됐는데 교회를 다니자마자 바로 찬양곡을 쓰게 되었다. 소문이 나서 수백 교회에 이른바 찬양사역(당시는 이 용어가 없었고 다만 간증과 특송)을 자신의 기타 반주로 70년대 중후반부터 활동을 했다. 그러다 사명을 느껴 신학을 한 후 목회자가 되면서 찬양사역은 접어두고 목회만 전념해 오다가 최근 악상이 떠올라 작곡에 다시 손을 댔다.

특히 요사이는 트로트 열풍을 따라 난생 처음 트로트 곡 “당신은 최고”를 써서 대중음악으로 발표했다. 그랬더니 기독교인들이 리듬이 좋다고 교회에서 부를 수 있도록 가사만 또 하나 더 쓰면 좋겠다는 요청이 와서 같은 곡에 “주님은 최고”라는 노랫말을 작사하여 트로트 찬양곡으로 발표하였다. 두 노래 모두 저작권 등록을 마쳤고 유튜브에 「황화진」으로 검색이 가능하다. 노래는 김혜영 집사가 함께 하여 한결 돋보인다. 교회 안에서 트로트 곡이 불려지는 것은 매우 드문 일이지만 새로운 도전에 귀추가 주목된다.

당신은 최고(대중음악)

석양빛 붉게 물든 하루 일과 끝나는 때에
오늘도 수고한 당신 감사드려요
열렬히 응원을 하며 힘찬 박수 보내드립니다
〈후렴〉
당신은 최고 당신은 최고 온 가족의 힘이라오
아아아 당신은 최고 정말 최고야

오늘도 일터에서 고된 일과 보냈을 당신
그 덕에 가족은 모두 살아간다오
그것이 우리의 인생 힘을 다해 살아가자구요

주님은 최고(트로트찬양)

오 주님 감사합니다 주의 자녀 삼아주셔서
이제는 하나님 백성 감사드려요
열렬히 주님을 위해 힘찬 열정 올려드립니다

〈후렴〉

주님은 최고 주님은 최고 온 인류의 희망이죠

아아아 주님은 최고 정말 최고야

오 주님 감사합니다 귀한 사명 맡겨 주셔서

이제는 주님을 위해 헌신할래요

그것이 하나님 자녀 힘을 다해 사명 감당해요

◎ 이 글은 한국교회신보에 실린 기사 전문이다.

당신은 최고
작사 황화진
작곡 황화진
편곡 김기호
석 양 빛 붉 게 물 - 든
오 늘 도 일 터 에 - 서
하루일 과 끝 나 는 때 에 - 오
고된일 과 보 냈 을 당 신 - 그
늘 도 수 고 한 당 - 신 감 사 - 드 - 려 - - -
덕 에 가 족 은 모 - 두 살 아 - 간 - 다 - - -
요 - 열 렬 히 응원을 - - 하 - 며
오 - 그 것 이 우리의 - - 인 - 생
힘찬 - 박수 보 내 - 드립니 다 - 당 신 은 최
힘을 - 다해 살 아 - 가자구 요 -
고 당 신 은 최 - 고 온 가 족 의 힘 이 라
오 - 아 - 아 - - 아 당 신 은 최 -
고 정 말 - 최 고 - - - 야 -

20. 나는 문학도 음악도 돌팔이다

내가 초등학교에 다니던 고학년 어느 날 담임선생님이 지나가는 말로 나보고 글짓기를 잘한다는 식으로 혼잣말 비슷하게 하시는 말씀을 들었다. 중3 때는 학교에서 교지 만드는데 작품을 냈지만 교지가 발행이 되지 않아 많이 아쉬웠다. 고등학교 때는 간혹 산문 장르의 글을 월간잡지 등에 기고하게 되었다. 지금은 컴퓨터의 상용화로 활자화 된 문서를 전 국민이 다 활용하고 있지만 70년대에 내가 쓴 글이 활자로 찍혀 책에 나온다는 것은 참으로 흥분되고 기쁜 일이 아닐 수 없었다.

그렇게 간간히 글을 쓰다가 1999년도에 수필부문 수원문학상을 수상하면서 문단에 발을 들여놓게 되었다. 주로 교계신문이나 각종 언론지에 자주 기고를 하면서 뒤늦게 관련 부문에 상을 받기도 했다. 국문학을 전공한 것은 아니지만 수필가로 공식적인 등단 절차를 거쳤다. 그 후 시인이 되고 싶은 열망이 있었는데 그 때 내가 쓰는 글에 시성[詩性]을 발견한 어느 잡지사로부터 등단 요청을 받게 되었다. 그래서 작품을 보내게 되었고 내 작품은 내가 보기에 매우 함량 미달이지만 심사위원들이 격려 차원에서 당선작으로 뽑아줘서 시인 명부에 이름을 올려 늦깎이 시인이 되었다. 나는 지금도 시를 쓴다기보다는 그냥 산문 형태의 글을 쓰는데 거기에 시적인 표현이 더러 있을 뿐이지 딱히 시를 쓴다는 것은 감히 말을 못한다.

그 다음은 음악에 관련한 이야기이다. 내가 중2 때 쯤 동네 형이 기타를 치는데 굉장한 호기심이 생겨 슬쩍 슬쩍 어깨 너머로 배웠다. 그런데 그 동네에서는 제법 치는 솜씨가 되어서 소위 딴따라 비슷한 데를 기웃거리면서 어설픈 기타리스트 노릇을 하기도 했다. 중학교를 졸업하고 우리 집이 교회 있는 동네로 이사를 가서 전도 받아 교회를 다니기 시작했다. 당시 교회에는 낡은 풍금이 있었는데 그래도 거기서 나오는 소리가 매우 신기해서 배우고 싶은 마음이 간절했지만 그럴 만한 여건은 전혀 되질 않았다. 결국 혼자 대충 엉터리로 익히게 되었다.

교회에 나가면서 찬송가를 배울 요량으로 늘 기타를 가지고 찬양을 했는데 어느 날 새로운 악상이 떠올라 찬송가를 참고하여 노래를 만들었다. 그러나 지금도 그렇지만 그 때는 음악 실력이 더 없을 때라 오선지에 악보를 그리지 못해 계속 외워서 부르다 늦게서야 겨우 악보를 만들었다. 그 때가 고1 때 쯤 되었을 것인데 그 때 작곡한 노래가 열댓 곡 쯤 된다. 그 중 한 곡은 80년대 중반에 한 가스펠 가수에

의해서 음반이 나왔고 대한민국 최대 심포니 오케스트라에서는 내가 작곡한 노래를 관현악 연주곡으로 앨범을 내기도 했다.

그 후 나는 목회에 전념하다보니 작곡하는 일은 새카맣게 잊고 살았는데 최근 악상이 또 떠올라 찬양곡도 만들고 더욱이 금번에는 트로트 열풍 때문인지 트로트 곡이 머리에 떠올라 음을 만들고 정리하여 "당신은 최고"라는 제목의 노래를 트로트로는 처음으로 세상에 내놓게 되었다. 역시 악보 그리는데 내가 좀 둔해서 조유호 목사한테 그려달라고 부탁했더니 그분이 보고 노래가 범상치 않다고 기획사를 추천해 줬다.

그리고 저작권 등록 관계로 동영상을 제작해야 하는데 내가 노래 실력이 딸려서 이 형사한테 "부인보고 내 노래 좀 같이 부를 수 있겠나 물어보라"고 했더니 김혜영 집사가 흔쾌히 응해 줘서 너무 감사했다. 그간 내가 작곡한 노래 20여 곡은 모두 저작권 등록을 마쳤다. 요번에 만든 "당신은 최고" 이 노래는 지금 유튜브에 올려져 있는데 하루가 다르게 조회수가 올라가고 있다. 내가 쓴 곡이지만 들어서 경쾌하고 감사한 마음이다. 그리고 이걸 색소폰 연주로 함께 해 준 몇 분에게도 감사를 드린다. 이 노래가 앞으로 어떻게 쓰여 질지는 모르겠지만 일단 내가 은혜가 되니 좋고 반응도 좋아 하나님께서 어떻게 쓰실지 일말의 기대도 있다. 나는 「돌팔이 작가」에다가 「음악을 모르는 작곡가」로 비전공자인데 그래도 하나님 일에 쓰임 받으리라 믿는다.

21. 목사의 직무

목사가 되는 데는 먼저 하나님의 부르심이 있어야 한다. 그 일에 관심이 많아지고 그 일이 좋고 그 일에 신경이 쓰이고 그 일을 나도 해야 될 것 같은 거룩한 부담감이 결국 신학교를 가게 한다. 그렇게 부르심에 응답하여 소정의 과정을 마치면 목사로 선교사로 기타 사역자로 자기 포지션을 찾아간다. 어느 분야에서 사역을 하든 다 하나님의 인도하심을 따라야 한다.

목사 없이 교회는 존속할 수 없다. 목사는 평신도와는 달리 은혜 받았다고 할 수 있는 일이 아니다. 반드시 정규신학을 이수해야 하며 교단의 지도 아래 훈련을 받아야 한다. 목사는 회중을 향한 하나님의 선지자적 위치이고 하나님을 향하여서는 회중의 제사장적 역할이다. 하나님께서 목사를 세우신 이유는 교회의 질서를 유지하기 위해서이다. 목사는 자기가 원하는 사역을 하는 사람이 아니라 자신에게 맡겨진 사역을 하는 사람이다. 따라서 목사는 자신의 거취와 관련해 임의로 자신이 결정할 수 없고 자기가 현재 담당하고 있는 회중에 대한 직무를 자기 맘대로 벗어나려고 해서도 안 되며 그 직무가 사라지기 전까지 그 직무를 떠나서도 안 된다. 특히 목사의 직무는 회중을 돌보고 말씀을 가르치고 감독하기 위해 책망하고 교화하는 일에 힘써야 한다.

그렇게 보면 목사의 직무 중에 가장 큰 비중을 차지하는 것은 역시 말씀 사역이다. 따라서 목사의 업무는 60~70%가 설교 준비하는데 할애 되어야 한다. 어떻게 보면 설교준비에 바빠서 다른 일을 볼 수 없을 정도로 그 일은 중요하고 또 중요한 임무이다. 대충 남의 설교 베껴다가 읽어주는 목회라면 일찌감치 관둬야 한다. 설교준비는 마음이 안정이 되어야 한다. 마음이 불안정한 상태에서 말씀 준비는 제대로 되지 못한다. 그러므로 심령의 평안함을 유지하도록 노력해야 한다. 그래서 자기관리가 중요하다. 스케줄 관리를 말씀 준비에 지장이 없도록 해야 한다. 목사는 하나님이 그 일을 시키셨기 때문에 사람을 의지하지 말아야 하며 하나님만 바라보아야 한다. 하나님의 말씀이 지시하는 대로 항상 선한 양심을 따라 사역을 해야 한다. 목사는 공적인 시간뿐만 아니라 사적인 시간까지도 이 일을 수행하는데 써야 하고 교회를 교회되게 하는 말씀사역과 회중을 영적으로 건강하게 하는 일을 해야 하고 일을 처리하는데 있어서는 엄중해야 하며 사람들로부터 존경받는 인물이 되어야 한다.

목사는 교회를 세우기 위하여 교회의 4가지 속성 즉 단일성 거룩성 보편성 사도성을 계승해 나가야 한다. 그리고 교회의 징표인 말씀의 참된 선포, 성례의 정당한 시행, 권징의 신실한 시행 등 이런 것들이 분명하게 실행되도록 힘써야 한다. 성경적으로 볼 때 집사는 분배(나눔)의 일을 하며 장로는 다스리는(치리) 일을 하며 목사는 가르치는(교리) 일을 한다. 그래서 교회 정치는 이 세 가지 일에 관련한 것으로 나눔(distribution) 치리(discipline) 교리(doctrine)를 성령의 은사 안에서 잘 세워 나가야 한다. 이 직분을 맡은 이들은 늘 회중과 함께 해야 하며 하나님의 부르심을 따라 회중을 잘 돌보고 감독해야 한다. 교회의 모든 직분은 하나님의 말씀에 매이는 직무를 위한 것으로서 하나님을 영화롭게 하고 사람들을 교화하는 일에 부르심의 의무를 다해야 한다.

주님의 말씀을 따라 세워진 하나님의 참된 교회 안에는 직분이 바르게 세워져야 한다. 어떤 계급적 의식 속에 또는 과시욕 때문에 세워지는 일을 경계해야 한다. 목사는 자신의 직무를 바르게 알고 그 직무에 충실해야 한다. 교회가 성장함에 따라 목사가 외부활동이 많아져서 자기 교회 돌보는 일에 지장이 된다면 과감히 내려놓고 자기 교회 지키는 일에 우선하여야 한다. 물론 자기 은사에 따라서 외부 활동도 해야 하지만 그것이 지나치다 보면 자기가 맡은 교회를 소홀히 하게 되는 수도 있으니 사역의 30% 정도면 적당할 듯싶다. 아니면 부교역자를 적당히 배치하는 것도 하나의 방법일 것이다.

대전새벽교회 임직식에서 한 말씀

22. 동문 사역지 화계중앙교회를 다녀오다

사람은 다 하나님의 섭리 가운데 살아간다. 물론 우연이라는 것도 있지만 사실은 그 우연도 하나님의 섭리 안에 있는 것이다. 우리에게 「대신」이라는 이름이 붙은 것도 하나님의 섭리이다. 우리의 계획이라기보다는 만세 전에 세워진 하나님의 신적작정이다. 어찌 보면 그다지 잘난 대학도 아니었고 학생들도 세상 풍파 다 겪고 막차 탄 만학도들이 우리 때는 많았다.

그러나 「대신」의 야전성은 강했다. 「주님께 충성, 타인에게 겸손, 자신에게 진실」이라는 평생 잊지 못할 교훈을 가슴에 깊이 새기고 우리는 각자 전국으로 아니 전 세계로 흩어져서 우물을 파기 시작했다. 그것은 소위 "이만 팔천 여 동네에 가서 우물을 파라"는 설립자의 유지를 따라 아골 골짝 빈들에도 소돔 같은 거리에도 복음을 들고 "돌격 앞으로!" 했던 것이다. 우리는 그렇게 맺어진 혈맹의 동지들이다.

결코 「대신」을 잊을 수도 없고, 아니라고 우길 수도 없는 「대신인」들이다. 나는 본디 부족한 사람이고 게다가 성격도 조용한 사람이라 교단의 멤버들을 잘 알지 못한다. 그런데 어떻게 김영규 목사는 먼발치에서 알게 됐다. 그 분은 서울 분인데 수십 년 전에 시골인 홍천에 내려가서 「대신」의 깃발을 꽂고 산전수전 공중전 지하전 화학전 다 겪고 「대신」의 본새를 확실히 보여준 인물이다. 그 분으로 말하면 「대신」을 사랑하는 마음이 충천해 있다.

임문길 목사가 나보고 반종원 목사하고 홍천 김영규 목사네 갈 건데 같이 가자고 전화가 왔다. 반 목사는 한국성서대학교 이사장이고 나와는 절친이다. 그리고 김영규 목사는 대신 외에 그 대학원 출신에 그 대학 교수로 십 수 년 간 봉직했다. 나도 「대신」 오기 전에 학부 때 그 대학에서 수학을 한 바 있다. 이런 저런 생각을 하니 구미가 당긴다. 그런데 요새 내가 좀 신경 쓸 일이 생겨서 마음의 여유가 없으므로 어딜 간다는 게 엄두가 안 나는데 억지로 시간을 만들었다. 아침 일찍 셋이서 반 목사 차로 출발했다. 가는 길에 차창 밖으로 펼쳐지는 우리의 산야는 지금 벚꽃이 만개하고 연녹색의 새싹들이 막 올라와 너무 아름다웠다. 가면서 차 안에서 임 목사의 열띤 강연(?)을 들었고 반 목사의 차분한 운전으로 우리는 편안하게 강원도 홍천까지 갔다. 김영규 목사가 시무하는 화계중앙교회에 도착하니 반 목사가 기증하느라 싣고 간 미국산 산란계 2마리와 순 토종 토끼 4마리를 본다고 어린이집 아이들이 기다리고 있다. 새 집을 찾은 토끼와 닭은 잠시 낯설어 하더니 금세 적응을 하는 듯 했다.

몇 년 전에도 갔었는데 그 때보다 주변 환경이 많이 바뀌었다. 건물이 다 리모델링이 됐고 없던 건물이 생겼고 김 목사의 얼굴은 벌써 구릿빛으로 물들어 농목의 분주한 삶을 엿볼 수 있었다. 그가 시설의 대표자로 있는 사회복지법인은 그 지역사회에서 몇 번째 가는 규모로 커졌고 상근 직원만 해도 근 90여 명에 이른다고 한다. 그는 농촌 목회자로 사회복지시설 대표자로 또 한 때는 교수로 열심히 바쁘게 살아온 인물이다.

그가 나보고 선배님이라고 부른다. 과연 내가 선배님 소리를 들을 만한 주제가 되는가를 늘 생각한다. 그의 사역에 비하면 너무나 초라한 나는 목회하면서도 물불 안 가리고 농사도 짓고 어르신들 돌보고 사역하는 후배한테 부끄럽다. 그러나 우리는 각자에게 주어진 은사와 역량에 따라 자기 자리에서 최선을 다하면 된다. 언젠가 주님 앞에 섰을 때 "잘하였도다. 충성된 종아!"라는 칭찬을 들어야 할텐데 현재로서는 함량미달이다.

우리 교단은 안양대학교 출신들을 중심으로 형성된 크지도 작지도 않은 적당한 중형 교단이며 개혁파 장로교단이다. 건전하고 분명하고 열정 있고 의리 있는 목회자들을 우리 교단 안에서 많이 만나 감사하다. 이것은 분명 우리 교단의 자산이고 자랑이다. 일시적인 교단의 풍파가 있었지만 이제는 추스르고 다시 힘을 모으고 떠난 분들도 유턴하고 한국교회 앞에 더 자랑스런 교단이 되기를 기도하며 모든 동문들을 축복한다.

23. 스승의 날을 보내며

스승의 은혜

강소천 작사/권길상 작곡

"스승의 은혜는 하늘 같아서 우러러 볼수록 높아만 지네
참되거라 바르거라 가르쳐 주신 스승은 마음의 어버이시다
아아 고마워라 스승의 사랑 아아 보답하리 스승의 은혜

태산 같이 무거운 스승의 사랑 떠나며는 잊기 쉬운 스승의 은혜
어디간들 언제인들 잊사오리까 마음을 길러주신 스승의 은혜
아아 고마워라 스승의 사랑 아아 보답하리 스승의 은혜

바다보다 더 깊은 스승의 사랑 갚을 길은 오직 하나 살아 생전에
가르치신 그 교훈 마음에 새겨 나라 위해 겨레 위해 일하오리다
아아 고마워라 스승의 사랑 아아 보답하리 스승의 은혜"

그런데 요새는 이런 감동적인 풍경은 사라지고 점점 교육도 상품화되고 교권도 무너지고 사제지간의 뜨거운 정도 점점 희귀해 지는 것 같아 씁쓸함을 금할 수 없다. 초등학교 때부터 대학원 때까지 나를 가르쳤던 많은 스승님들 그리고 교회 목사님들 얼굴을 떠올려 보고 감사한 마음으로 하루를 열었다.

우리교회와 경찰서 그리고 몇 개의 그룹채팅방에 매일 아침묵상을 올린다. 대개의 회원들은 소위 눈팅(인터넷상에서 게시판에 글을 쓰거나 다른 사람의 글에 댓글을 다는 따위의 행동을 하지 않고 그냥 지켜보기만 하는 일)만 하고 일부는 줄기차게 아멘을 달고 간혹 받은 은혜를 나누는 이들도 있다. 그러던 중 오늘 15일 스승의 날이어서인지 평생 아멘 한 번 안 달던 자매가 아침 일찍 개톡(개인톡)을 보내면서 비록 그림이지만 꽃바구니를 보내왔는데 감사함으로 받았다.

"매일 읽지는 못하지만 읽으려고 노력하며 하루를 실아요. 세 자녀를 키우며 때론 숨 쉴 틈 없이 전쟁 같은 나날을 보내고 있지만 늘 의지할 곳은 주님 품임을 알게 됩니다. 마음이 너무 가난하지만 늘 감사한 마음은 있어요. 제게 늘 고난은 관계와 자존감이 바닥을 칠 때인 것 같습니다. 사람을 의지하지 말 것과 사람을 신뢰하지 못할 때 제일 괴로운데 뭐 애들 크는 거 재롱 떠는 막내를 보며 미소 지으며 또 힘을 내서 살게 되네요.

목사님 건강하시고 새 힘 주시는 그분 바라며 열심히 살게요. 늘 강녕하세요~^^ 항상 감사합니다~^^"

한 권의 책을 내도 그 책을 보고 감동을 받는 사람은 소수지만 몇 사람이라도 그 책에 힘을 얻었다면 그 책은 충분히 그 가치가 있다. 설교든 글이든 마찬가지이다. 때로는 나는 별로인데 다른 사람은 큰 감동을 받는 경우가 있다. 생각하기에 따라 세상 모든 사람이 다 스승이고 세상 모든 사건이 다 교훈이 된다. 각자에게 주어진 삶에 충실하면서 매일을 알차게 보내는 성실한 그리스도인이 되어야겠다.

24. 6·25가 주는 교훈

육이오는 1950년 그러니까 20세기 중반에 북한이 남한을 침략한 전쟁이다. 이 전쟁은 제2차 세계대전 이후 세계 정치 지형을 바꿔놨고 동서간의 이념과 체제간의 양극화가 심화되는 계기가 되었다. 그 후 많은 세월이 흘러 이제 세계는 동구권 사회주의의 총체적인 몰락과 함께 적대적 냉전체제를 종식시켰지만 한반도에서는 그 여파가 아직도 여전히 살아 있다.

전쟁의 최대 비극은 존귀한 생명을 앗아가는 것이다. 6·25 전쟁 기간 동안 남북한은 무려 450만 명의 인명피해를 가져왔다. 수많은 군인들이 죽었고 다쳤을 뿐만 아니라 전쟁고아 5만 명, 전쟁 과부 30만 명, 행방불명자 36만 명, 납북자가 8만 명, 그리고 일천만 이산가족이 생겨났다. 6·25는 전통 문화재로부터 시작해서 각종 산업시설과 주택 그리고 우리의 아름다운 조국 강산을 모두 잿더미로 만들어 버렸다.

대대로 내려오는 효의 정신과 막 뿌리 내리기 시작한 신앙도 무참히 짓밟혔다. 전쟁 후 70년의 세월 속에 골이 깊어진 이데올로기는 앞으로 남북이 함께 풀어가야 할 미션이다. 톨스토이는 말하기를 "전쟁은 인간이 범하는 죄 가운데 가장 큰 죄악이다."라고 했다.

전쟁의 재발을 막아야 한다. 이 민족의 죄악을 심판하고 경고하기 위해서 6·25는 발발했다. 이 민족은 우상숭배의 죄를 범했다. 평양은 제2의 예루살렘이라고 할 만큼 교회가 부흥했던 도시였다. 1907년 한국 교회 최초의 성령강림이 있었던 곳이 평양 장대현교회였다. 그런데 일제 시대 때 한국 교회는 신사참배를 감행하고 성도들에게 이를 권장하기까지 했다. 교회의 종을 떼어다 일본의 전쟁무기를 만드는데 헌납하고 신앙의 절개를 지키는 주의 종들을 파면했을 뿐만 아니라 감옥에 집어넣어서 온갖 고문을 당하여 죽게 했다. 뿐만 아니라 해방 전후로 치열한 교권 싸움과 분열이 한국 교회의 모습이었다.

우리는 그 때 그 모습을 당사자가 아니라도 통회 자복해야 한다. 등 따듯하고 배부름에 안주하여 교만한 죄악을 회개해야 한다. 하나님은 전쟁과 코로나19로 우리에게 경고 사인을 보내셨다. 천년 동안 정교회 국가였던 러시아에서 제일 먼저 공산주의가 일어났고 종교개혁의 본산지라고 할 수 있는 독일에서 히틀러(Adolf Hitler)가 나타났다. 교황청이 있는 이태리에서 독재자 베니토 무솔리니(Mussolini)가 나타났으며 제2의 예루살렘이라고 하는 평양에서 공산주의가 일어나서 남침의 전쟁을 일으켰다. 하나님의 말씀대로 살지 않고 그 분의 주권을 인정하지 않으면 개인이나 국가 그리고 교회까지도 하나님의 징계와 심판의 대상이 되는 것이다.

전쟁의 아픔을 잊지 말아야 하며 6·25를 통해서 역사하신 하나님의 은혜를 기억해야 한다. 우리나라가 베트남이나 중국처럼 공산화될 수 있었음에도 불구하고 공산화되지 않은 것은 하나님의 은혜였다. 북한이 우리나라를 침략해 왔을 때 유엔 파병에 거부권을 행사할 수 있는 소련 대표가 유엔 안전보장이사회로 오던 중 차의 엔진 고장으로 제 시간에 도착하지 못하여 유엔군의 한국파병이 무사히 결의되었다. 이 민족을 사랑하시는 하나님의 은혜였다.

전쟁은 분명 비극이고 아픔이며 슬픔이다. 그러나 하나님께서는 그런 전쟁까지도 합력하여 선을 이루시는 분이시다. 6·25는 이 민족으로 하여금 하나님을 의지하게 했다. 6·25는 아직도 끝나지 않은 전쟁이다. 북한은 지금까지 변한 것이 아무 것도 없다. 젊은이들이 단편적인 지식만 가지고 북한을 찬양하고 미화하는 것은 위험한 일이며 정부도 짝사랑하는 식의 대북정책은 재고되어야 한다. 전쟁을 겪은 지 70년이 지난 오늘 우리나라는 눈부신 발전을 했다. 먹어서 배부르고 하나님 여호와께서 곳곳마다 옥토로 바꿔주셨고 꼬리에서 머리로 자리를 옮겨 주셨고 먹을 것에 부족함이 없는 나라로 복을 주셨다. 그 하나님께 감사와 영광을 돌리며 이 축복을 지키며 더 큰 축복을 자손에게 물려주는 대한민국이 되어야겠다.

◎ 이 글은 우리 교단 기관지인 한국교회신보사의 요청으로 썼다.

25. 개 팔자 상팔자

요새 생활의 여유가 있어서인지 애완견을 기르는 사람들을 흔히 볼 수 있다. 공원에 나가 보면 어떤 사람은 개를 안고 가고, 어떤 사람은 개를 업고 가고, 어떤 사람은 개를 유모차에 태워가지고 가고. 이런 풍경을 낯설지 않게 볼 수 있다. 며칠 전에 어느 진돗개가 지나가는 50대 여인을 물어뜯어 죽이는 사고가 발생했다. 그 살인견은 즉시 체포가 됐고 견주가 밝혀지면 조사가 끝나는 대로 안락사 해야 한다는 얘기가 나왔다. 그러자 놀랍게도 많은 사람들이 "그 개를 죽이지 말라. 내가 키우겠다."고 하는 전화가 빗발쳤단다. 또 얼마 전에는 어떤 사람이 지나가다가 애완견이 갑자기 달려들어 혼내줬더니 개 주인이 "개가 당연히 짖는 것이지 그렇다고 그렇게 야단을 치느냐. 개한테 사과하라"고 옥신각신한 사례도 있었다. 개의 위상이 이렇게 높아졌고 상대적으로 사람은 개만도 못한 취급을 받는 사례도 간혹 있다.

우리의 옛 선조들은 사냥을 잘하는 개를 전견(田犬), 집을 지키는 개를 폐견(吠犬), 살이 많아 잡아먹기에 알맞은 개를 식견(食犬) 등으로 구별하여 키웠다. 중국 당나라 문헌에 의하면 우리나라 제주도에서 개를 사육하여 그 가죽으로 옷을 만들어 입었다는 기록이 있고 또 신라 지증왕이 개로 인해서 왕비를 구했다는 이야기 등이 전해지고 있다. 최근에는 개인의 취향에 따라 덩치가 큰 개가 멋있고 늠름한 맛에 키우는 사람들도 있고 작은 개를 애완견으로 키우는 사람들도 있고 안내견도 있다. 정말 영리한 개는 너무 똑똑해서 키우는 재미가 이만저만이 아닌 경우도 많이 볼 수 있다.

개는 태어나면서부터 어미의 젖을 냄새로써 찾을 수 있을 정도로 후각이 발달되어 범인 추적을 목적으로 하는 경찰견이나 군부대나 119에서 수색견으로도 이용되고 있다. 또한 청각도 발달되어 실험에 의하면 사람은 2만의 진동수를 겨우 들을 수 있으나 개는 10만~70만의 진동수를 들을 수 있고 소리의 가락도 식별할 수 있기 때문에 사람의 말을 알아듣고서 훈련을 받을 수 있다는 것이다. 개는 어두운 곳에서 사물을 잘 볼 수 있고 움직이는 물체에 예민하게 반응하므로 야행성의 특징을 가지며 경계심이 강한 특성이 있다. 야생의 개는 짖지 않으나 가축화된 개는 기쁘거나 슬프거나 경계할 때에 짖는다. 개는 멀리 떨어진 곳으로부터 주인한테나 또는 자기 집을 찾아오는 귀가 능력이 탁월하다. 우리나라 재래종인 진돗개는 그 귀가성이 대단하여 휴전선 부근에서 군용으로 쓰이던 개가 자기 고향 진도까지 되돌아간 경우도 있었다고 한다. 개는 자기 주인을 어디든지 따라가서 잘 적응하며 살 수 있는 특성이 있다. 특히 주인에게는 충성심을 가지며 그 밖의 낯선 사람에게는 적대심을 갖는다. 투견·엽견·경기견 등의 수명은 보통 12~16년으로 단명하나 집에서 기른 개는 34년까지 산 기록도 있다. 에스키모인·아메리카 인디언·아시아의 동북 및 시베리아의 북부지방 등에서는 썰매를 끄는 데 개가 이용되고 티베트에서는 짐을 실어 나르는 데 이용하기도 한단다.

우리나라의 『동국세시기(東國歲時記)』의 기록에 보면 삼복조에는 마늘을 넣고 삶은 개고기를 구장(狗醬)이라 하여 이것을 먹고 땀을 빼면 더위가 가시고 보신하는 데 효과가 있다고 하였다. 또한 병후 회복에 삶은 개를 먹는 것이 좋다고 동의보감에도 유사한 기록이 있다. 그런데 지금은 개를 가족으로 생각하는 사람들이 많기 때문에 개의 식용 얘기는 절대로 하면 안 된다. 그러나 개를 데리고 자든지 뽀뽀를 하든지 개인의 자유지만 정도껏 했으면 좋겠다. 개가 사람은 아니잖는가. 요새 개 카페, 개 병원, 개 호텔, 이런 것들이 있고 또 기르던 개가 죽으면 견주의 신앙에 따라 장례식을 기독교장으로 해 달라 또는 불교장으로 해달라고 요청하는 사례도 있었다고 한다. 이런 걸 보니 개가 보통 대접을 받는 것이 아니구나 하는 생각이다. 아니 사람보다 더 대접 받는 개들도 많아졌다. 정말 개 팔자가 상팔자란 말이 실감나는 시대이다.

26. 농업은 원래 나의 전공이었다

태어나 보니 외딴 섬 강화 교동도. 그 때는 정말 낙도(落島)였다. 물론 지금은 연육교가 건설되어 육지같이 다니니 낙도(落島)아닌 낙도(樂島)이다. 전쟁 후 피폐해진 국토. 뭐 하나 제대로 갖추어진 것이 없던 시절이었다. 지금은 농촌이 기계화되고 과학화되었지만 그 당시는 오직 몸으로 때우던 시절이라 나 역시 초등학교 때부터 농사일을 거들어야 했다. 봄철 모내기 할 땐 아직 발이 시린데 맨발로 논에 들어가 일하다 보면 거머리가 정강이에 붙어 내 피를 빨아먹고 있다. 한 여름 건파 김매고 웃통 까고 콩밭 매다 보면 등어리가 햇볕에 데어 감자껍질 벗겨지듯 허물을 벗는다. 가을철 낫으로 벼 베기도 힘들었고 새벽 남포 불 켜놓고 타작일 시작하면 밤 10시나 돼야 일과가 끝났다. 나는 어리고 약해서 늘 고단함을 못 이겨 코피를 달고 살았다. 학교 갔다 와서는 책 보따리 팽개치고 바로 소 몰고 산으로 가서

소 풀 먹이는 일은 내게 주어진 일과였다. 겨울철에는 새끼 꼬고 작두로 소여물 썰고 기껏 놀이래야 구슬치기 제기차기 썰매타기 연 날리기 정도였다. 내가 운동을 못하는 이유 중 하나가 배울 기회가 전혀 없었다.

그래도 나는 행운아로 중학교에 들어갔다. 남학생이라면 누구나 자전거로 통학하던 시절이라 수백 대의 자전거가 학교 운동장에 주차되어 있었다. 그 때 익힌 자전거 실력이 지금도 남아있다. 그땐 그 섬에 인구가 3만 여명으로 바글바글했는데 지금은 3천여 명으로 썰렁하기만 하다. 그 섬에 고등학교가 신설되었다. 나는 농고 1회로 들어갔다. 몇 선배도 같이 입학하여 그냥 친구가 되기도 했다. 그 때 그렇게 고등학교라도 들어가면 제법 괜찮은 축에 끼었다. 물론 고등학교 때 공부는 별로 안했다. 학교 분위기 자체가 면학분위기와는 거리가 좀 멀었다. 국어 영어 정치경제 사회 한문 등 상식적으로 필요할 것 같은 것들은 내가 스스로 공부해 뒀고 학교 성적은 적당히 받았다. 그 때 신설농고라 운동장 고르기, 염소 똥 치우기, 콩나물 길러서 시장에 내다 팔기 등등 일을 많이 했던 기억이 있다. 그리고 경운기 타고 다니면서 기타 치며 신나게 노래 부르던 고교시절의 추억이 지금에 와서 생각해 보면 아련하기만 하다. 그 때 수원 농촌진흥청에 실습 나와 작물시험장에서 매일 벼 생육 조사 뜨고 서류정리하고 직원한테 이유 없이 시달리고 잔심부름 하고 그랬던 곳을 지금 매일 지나다니고 있다. 그토록 부러워했던 서울대학교 농과대학 수원캠퍼스는 요새 매일 나의 산책로이다. 서호저수지가 집에서 가까우니 거의 매일 가

볍게 잠깐씩이라도 라이딩을 한다. 고등학교를 졸업하고는 한국왜성사과재배연구소에 취업하여 전지, 새 품종 개발하기, 접붙이기 등등 한동안 사과전문가로 일을 했다. 역시 그 때 활동했던 동네가 지금 내가 사는 동네이니 그것 또한 묘한 인연이다.

공부는 하고 싶으나 그럴 환경은 안 되고 대학 갈 실력 또한 전혀 안 되니 감히 꿈도 못 꾸었다. 거기서 당시 대학에 간 친구는 한 명도 없었다. 물론 나는 나중에 한국방송통신대학교에 들어가서 학위의 길을 열었지만 말이다. 대학에 들어갈 때 하도 농사와 관련해서 살다 보니 농학이 행여 좀 쉽지 않을까 하고 농학과를 지망했는데 완전 계산착오였다, 만만한 과목은 하나도 없었다. 어렵게 방송대 공부하느라 비지땀을 흘리던 일도 다 지나간 추억이다. 지금은 사이버대학도 많고 학점은행제라는 제도도 있어서 대학 나오기가 너무 쉬운 시대이다.

목회자로서의 소명을 느껴 공부를 할 때도 여러 가지 여건이 여의치 않아 주경야독하며 많은 고생을 했다. 여전히 학문에 대한 갈증과 또한 후학들을 가르치고 싶었던 교육활동에 대한 열망은 해소되지 않았으나 이제는 나이도 먹고 목회사역이 우선이니 아쉽지만 다 뒤로 하고 강은교회 사역에 올인하고 있다. 이렇다 할 성과도 내지 못한 상태에서 벌써 내 나이도 이순을 넘어 고희를 바라보니 뒤돌아보면 많은 후회와 이루지 못한 꿈에 대한 아쉬움이 늘 서려 있다. 그렇지만 아직도 끓는 가슴은 여전하니 더 달려갈 것이다.

27. 피투성이라도 살아 있으라

우리교회에 아주 약간 부족해 보이는 듯한 청년이 나왔었다. 그의 언행이 다른 성도들한테 다소 불편하게 느껴지게끔 하는 일들도 더러 있긴 했으나 그래도 교회가 사람을 가려 받는 데가 아니므로 그냥 우리 멤버로 교회생활을 같이 했다.

얼마 있다가 그 청년이 나한테 신학교에 가고 싶다는 얘기를 했다. 내가 속으로는 "신학교는 아무나 가는 데가 아닌데~"였지만 그래도 그 기를 꺾어서는 안 되겠기에 몇 가지 예비면접을 실시해 봤다. 그 청년은 전문대학을 나왔으므로 신학교 3학년에 편입이 가능하다. 그렇지만 내가 1학년부터 해 보고 진로는 나중에 봐가면서 결정하자고 다짐을 받고 모 신학교에 추천을 해줬다.

그가 학교에 들어간 지 얼마 안 돼 나한테 찾아왔다.

"목사님, 학교 강의가 너무 어렵습니다. 좀 쉽게 하는 데는 없나요?"

"더 쉬운 데는 없다. 그나마 거기도 억지로 내가 부탁해서 받아 준 거지 딴 덴 갈 데가 없다. 기왕에 들어갔으니 꾹 참고 열심히 하라"

그러나 그 청년은 결국 그 학교를 한 학기도 못 마친 채로 관두고 온다간다 말도 없이 슬그머니 우리교회마저도 발길을 끊었다.

그로부터 몇 년 세월이 흘러 그 청년 이름조차 잊고 살던 어느 날 내가 외출하려고 차에 오르려고 하는데 누가 나를 부른다.

"목사님이신가요?"

"네. 누구시죠?"

"아, 저 필성(가명)이 애비 되는 사람입니다."

"아, 네. 그렇군요."

"우리 필성이 죽었습니다."

"네? 그게 무슨 말씀이세요?"

"걔가 어지럼증이 좀 있었는데 발을 헛디뎠는지 저수지에 익사체로 떠서 장례 다 치뤘습니다."

"어머나. 그게 웬 일인가요?"

"그래도 걔가 여기 교회를 다니면서 목사님이 잘 돌봐주셔서 신학교도 가고 뭐 좀 기대도 쪼끔 했었는데 그렇게 죽으니 허망하긴 한데 다 지 팔자지 뭐 어쩌겠습니까. 목사님한테 그래도 애비로서 감사하다고 인사는 드려야겠기에 이렇게 지나가다가 뵙게 됐습니다."

그 어른을 보내고 잠시 차에 앉아서 그 청년을 회상해 봤다. 찬양을 유달리 좋아해서 늘 찬양 속에 살았던 기억이 있고 자동차운전학원 운전기사로도 일했지만 자주 다투고 그러다가 오래 근무하지 못하곤

했다. 그렇게 그 청년은 사회에서 마땅히 환영해 주는 데도 없고 그러니 신학교나 가볼까 하고 간 건데 거기도 가서 보니 따라가기가 너무 힘들었다. 결국 아무런 희망도 없이 살다보니 그렇게 죽음에까지 이르지 않았나 하는 생각을 하니 좀 더 품어줬어야 하는 건데 하는 미안한 마음이 스친다.

이 이야기는 벌써 몇 년 지난 얘기인데 요새 내가 그 청년이 죽었다는 그 저수지에서 거의 매일 저녁마다 자전거를 타다보니 그 청년이 생각나서 이 글을 쓴다.

삶의 희망! 그것이 있으면 어떤 어려움도 헤치고 나가는 건데 희망이 없으면 맥이 풀린다.

그러나 그럴지라도 희망의 끈을 찾으면 있다. 아니 무엇이라도 잡고 희망을 삼으라. 죽을 각오를 하고 노력하다 보면 희망이 보이기 시작할 것이다.

"너는 피투성이라도 살아 있으라 다시 이르기를 너는 피투성이라도 살아 있으라"(에스겔16:6)

28. 기후변화와 이슬

한반도의 기후가 이미 아열대화 되어 가고 있고 이 상태로 계속 나가다 보면 앞으로 100년 후에는 한국에 겨울이 사라지게 된다는 보고가 나왔다. 지구의 온난화로 겨울이 한 달 정도 짧아졌다. 옛날에는 겨울이 엄청 추웠고 또 길어서 굉장히 힘들었던 기억이 있다. 지금은 여름이 빨리 오고 더 뜨거워졌고 밤 기온이 25도 이상 올라가는 열대야가 많이 늘어났다. 21세기 지구 온난화가 20세기보다 3~6배 이상 빠르게 진행되고 있다고 한다. 이제 우리나라의 산에 열대림이 심겨질 날이 멀지 않았고 거리에 가로수가 종려나무 같은 아열대 수종으로 바뀔 날도 멀지 않았다. 제주도에만 있던 종려나무가 부산에도 전라도에도 올라와 있다. 열대지방인 이스라엘에서나 볼 수 있었던 겨자씨 나무가 한국에서도 생육이 되는 사례가 있다.

그렇다면 앞으로 100년 뒤 한반도에서 지금과 같은 기후를 유지하려면 지금부터라도 적극적으로 에너지 사용을 줄여야 한다. 국립기

상연구소는 온실가스 배출량이 지금 속도로 증가할 경우 21세기 말 한반도의 평균기온은 100년 전에 비해 4℃ 가량 상승할 것으로 전망하고 있다. 이는 이상 고온과 집중호우의 증가 그리고 가뭄의 심화를 예측할 수 있는 일이다. 자동차 냉온열기 사용을 줄여야 하고 모든 생필품의 낭비도 지구를 황폐화시키고 결국엔 지구 온난화에 영향을 미치게 된다. 지금 전 세계가 몸살을 앓고 있는 코로나19 바이러스도 지구의 기후변화와 무관하지 않다. 우리는 나무를 심고 숲을 가꾸는 이런 작은 노력부터 시작해야 한다.

우리나라는 6~8월 3개월간의 강수량이 연강수량의 50% 이상을 차지한다. 따라서 우리나라는 물이 부족하면서도 다른 나라에 비해 그래도 물이 제법 있는 나라이다. 그래서 우리나라는 어디를 파도 70자 정도만 파면 깨끗한 식수가 나온다. 그렇다 보니 우리는 이슬은 물로 취급도 안한다. 비가 와야지 그까짓 이슬가지고 사람이든 농작물이든 코끼리 코에 과자 한 알 수준 정도로도 생각하지 않는다. 그러나 열대지방에서는 그렇지 않다. 동물이나 식물들은 새벽에 내리는 이슬이 그나마 생명수이다. 비가 많이 내리지 않는 이스라엘 기후의 특성상 새벽이슬은 모든 식물에게 있어서 생명과 같은 수분을 공급하는 역할을 한다. 호세아 14장에 보면 하나님께서 이스라엘에 이슬이 되어주면 백합화 같이 피어난다고 했다. 그리고 레바논의 백향목과 같이 뿌리가 박히고 가지는 퍼지고 그 그늘에 거주하는 자가 돌아온다고 하였다.

이로 보건데 이슬은 축복이다. 이슬은 소리 없이 내린다. 비가 올

때는 빗방울 떨어지는 소리가 우두둑 나고 거기다 바람까지 불면 더 난리를 치면서 쏟아진다. 그런데 이슬은 소리도 없고 형체도 없이 슬그머니 내린다. 이슬 같은 은혜는 그렇게 조용히 임하는 것이다. 이슬은 주로 새벽 시간에 내린다. 날이 어두워지면 서서히 이슬이 사람이 느끼지 못할 정도로 내리기 시작하여 최고로 내리는 시간은 새벽 시간이다. 그 이슬을 그대로 맞는다면 옷이 다 젖는다. 우리가 은혜 받는 것도 그렇다. 새벽에 깊은 은혜를 주신다. 새벽기도는 힘들지만 그 새벽기도가 그 사람의 영성을 길러주는 시간이기 때문에 진짜 하나님의 종으로 살고자 한다면 새벽기도를 해야 한다. 지금 교회들마다 새벽기도가 점점 교묘하게 죽어가고 있다. 안타까운 일이다. 다시 살아나기를 축복한다. 이슬은 매일같이 내린다. 이스라엘 땅에 우기 때는 소낙비로 건기 때는 이슬비로 내려서 동식물과 사람들에게 다소라도 도움을 준다.

팔레스타인에서 이슬을 우습게봤다가는 큰 코 다친다. 그건 생명수이다. 지금은 어디나 이슬조차도 귀하게 여기는 정신이 필요한 때이다. 광야의 개구리는 그 이슬을 앞다리로 핥아 먹으려고 풀숲에서 기다린다. 뱀도 이슬을 먹으려고 몸을 돌려 등에 내린 이슬을 먹고 풍뎅이는 입이 등에 닿지 않으니까 물구나무를 서서 이슬을 받아먹는다고 한다. 지금은 추수 때이다. 알곡과 쭉정이가 가려지는 때이다. 벧전5:5에 보면 하나님은 겸손한 자에게 은혜를 주신다고 했다. 교만하면 말씀이 들어오지 않는다. 새벽이슬 같은 은혜가 믿는 자들에게 있을지어다!.

29. 버림의 미학

금년에 우리교회는 기존의 건물을 매각하고 제삼의 지역에 가서 새로 건축을 하기 위하여 일정을 조절하는 중에 사택을 임시로 얻었다. 그동안 한 건물에서 30여년을 넓게 살다보니 짐이 무척 많이 늘어났다. 그래서 어디 이사 가는 일이 간단치 않았다. 이사 갈 집의 방이 생각보다 좁으니 많은 짐이 처치 곤란이었다. 고심 끝에 내린 결론은 다 버리는 것이었다. 버리는 거 말고는 대안이 없었다. 물건마다 정이 들었고 사연이 있고 추억이 있어서 망설여지기도 했다. 그래서 이러지도 못하고 저러지도 못하고 고민을 하기도 했다. 그러나 결국에는 그래도 다 버려야 했다. 우리 짐의 절반 이상은 버린 것 같다. 나중에 가서는 다 필요하고 다시 구입해야 할 것들인데 어쩔 수 없었다. 그런데 그렇게나 해야 집안 살림이 새 것으로 바뀌지 그렇지 않고서는 죽을 때까지 못 버릴 뻔 했다. 때로는 버리는 일도 필요하다. 개인이나 집

안이나 국가도 때로는 스와프가 필요할 때가 있다.

버리는 것은 성경에도 나와 있다. 주님의 열혈 제자 베드로는 주를 따를 때 모든 걸 버리고 주를 따랐다(눅18:28). 사도 바울도 복음의 진리를 깨닫고 보니 세상 것은 다 배설물같이 버리고 그리스도를 아는 지식이 가장 고상하다고 말했다. "또한 모든 것을 해로 여김은 내 주 그리스도 예수를 아는 지식이 가장 고상하기 때문이라 내가 그를 위하여 모든 것을 잃어버리고 배설물로 여김은 그리스도를 얻고 그 안에서 발견되려 함이니"(빌3:8)

제티슨(jettison)이란 단어가 있다. 선박이나 항공기가 위기에 처했을 때 짐을 바다에 버려 무게를 줄이는 것을 말하는데 이런 비상시에는 사람의 생명을 제외한 모든 물건은 다 버리는 것이다. 그래서 투하, 버리다, 내던지다 등등의 뜻이 있는 단어이다. 버리는 일이 그렇게 말처럼 쉽지는 않다. 살림살이도 그렇고 책장의 책도 그렇고 옷장의 옷도 그렇다. 잘 보지 않는 책들을 버려야 하는데 못 버린다. 1년에 한 번도 안 입는 옷들이 옷장에 수없이 걸려 있어서 옷장만 차지하고 있는데도 못 버린다. 언젠가는 필요할지도 모르고 추억이 묻어 있어서 못 버리고 그러다 보니 때로는 주객이 전도되어 그것들이 대감 노릇을 하고 주인은 비좁은 공간에서 불편하게 생활을 하는 웃지 못할 일이 있다.

선교의 방향성도 전통적으로 해오던 방식 즉 어떤 매너리즘에 빠져 있는 듯한 패러다임의 변화가 필요한 시점이다. 코로나19 펜데믹이 가져온 사회변화는 우리 국민의 생활 리듬에 적잖은 변화를 가져왔다. 기독교 안에도 혁명적 변화를 만들어 내고 있다. 영상예배를 정규 예배로 대체할 수 있느냐 하는 문제는 지금과 같은 코로나19 상황 하에서는 가능할 수도 있겠지만 이 상황이 끝나고 다시 일상으로 돌아간다면 온라인 예배는 오프 시키고 모두 현장예배로 나아가야 한다. 다만 코로나19를 통해서 얻은 전도와 선교의 방향성은 sns를 적극 활용하는 방안이다. 복음을 전하는데 있어서 패러다임의 변화가 불가피한 상황이 도래한 것이다. 그렇다고 무분별하게 진짜 모든 걸 다 버리면 안 된다. 각자가 지혜롭게 버릴 것과 지킬 것을 판단하여 복음의 유익을 도모해야 할 것이다. 어떤 거지가 복권에 당첨되고 너무 기뻐서 거지 활동하던 모든 것을 다 버린다고 동냥그릇도 버리고 옷도 버리고 구질구질한 살림살이도 버리고 그러다 그만 실수로 복권까지 버려 모든 것이 물거품이 됐다는 얘기도 들었다.

그러나 진짜 버려야 할 것들이 있다. 구습을 버려야 한다. 세상도 못 버리고 교회도 못 버리고 그런 식으로 살면 안 된다. 버릴 걸 버리면 더 새로운 세계가 축복으로 다가올 것이다.

"너희는 유혹의 욕심을 따라 썩어져 가는 구습을 따르는 옛 사람을 벗어 버리고 오직 너희의 심령이 새롭게 되어 하나님을 따라 의와 진리의 거룩함으로 지으심을 받은 새 사람을 입으라"(엡4:22-24)

30. 경찰서에서 만난 사람들

우리 지역에 경찰서가 처음 생길 때 경목위원회를 조직한다고 이웃 감리교 목사가 같이 가자고 연락이 왔다. 나는 수원에 경찰서가 하나일 때부터 경목 활동을 잠시 했지만 그 때는 별 진전 없이 내려놓은 기억이 있어서 안 가려 했는데 친구 따라 강남 간다고 코 껴서 갔던 것이 경목에 깊이 관여하게 됐다.

그 때에 초대서장을 만나서 간담회를 했는데 그 분은 기독교인이 아니면서도 하신 말씀은 "기독교는 웰빙 종교다." "기독교의 가르침이 가장 우수하다."는 말씀을 하셨고 경찰서가 개서하고는 조찬기도회에 늘 정복 차림으로 참석을 했고 휴가 중에도 참석했고 직원들에게 늘 참여를 독려했던 기억이 있다.

조 서장은 경찰서 내 예배당을 확장하는데 큰 기여를 하셨고 우리와 늘 같이 식사를 했다. 그 뒤에 오신 이 서장도 신실한 크리스천으로 신우회 예배에 빠짐이 없었고 점심식사도 역시 항상 우리와 함께 하면서 간간히 조크도 많이 했다. 직원들하고 같이 식사할 때 나한테 농 섞인 말씀을 하셨다.

"황 목사님은 사모님이 미인이신데 러브 스토리가 있을 것 같습니다. 공개해 주시죠?"

점심 식사 중에 긴 얘기는 할 수 없었고 간단히 몇 마디 답변을 해야 했던 기억이 있다.

구 서장은 목사님들이 성도들 가정 심방하듯 경목들 교회를 방문하셨다. 어느 주일 아침 일반전화 벨이 울렸다.

"여보세요? 강은교회인가요?"

"네. 그렇습니다."

목소리를 들으니 얼른 구 서장인 거 같아서

"아니, 서장님 아니십니까?"

"네. 목사님이 직접 전화 받으시네요?"

"그럼요. 작은 교횐데요."

아마 당신처럼 부속실 거쳐서 받는 걸로 생각하신 모양이었다. 그 해에 우리 교회 11시 예배에 서너 번 참석하셨다. 교회 식당이 불편한데도 외부로 나가기를 사양하시고 오실 때마다 성도들과 함께 식사했던 기억이 있다. 신실한 신우회원들이 강력범 검거에도 탁월한 실적을 내는 사례가 많이 있었지만 보안을 요하는 부분이 있어서 공개는 하지 못한다. 내가 경목실장으로 있을 때 "경찰서에서 만난 사람들"이라는 제목으로 우리 경찰서 직원들의 글을 책으로 출판한 바도 있다. 현직 때 나와 친분을 나누던 경찰관들이 퇴직을 하면서 헤어짐의 아쉬움이 있어서 결성된 비영리법인단체가 「한국기독경찰동문회」이다.

다음은 경목 생활 중 나와 제일 많이 접촉한 윤덕민 장로의 이야기이다. 그는 현직에 있을 때 누구보다도 신우회 활동에 적극성을 띈 분이다. 그래서인지 신우회장을 여러 해 연임을 했고 다양한 은사로 하나님 나라 확장에 기여하고 있다. 그가 경찰이 된 것은 달리기를 잘해서 특채로 채용이 됐고 교통과에 주로 근무하고 나중에는 청문감사관실에 근무했고 마지막에 파출소장으로 퇴임을 했다. 며칠 전 그가 원장으로 부임한 「현대노블리카운티」라는 요양시설을 방문했다. 이동운 목사의 연락을 받고 바로 출발했다. 개원식 때는 코로나로 인하여 불참했는데 그 후 기회 되면 간다는 것이 계속 딜레이 됐더니 급기야 연락이 온 것이다. 가서 보니 시설이 엄청 크고 모든 여건이 잘 갖춰져 있었다. 시설장실에서 잠시 담소 나누고 기도해 주고 그리고 시설 투어를 했다. 현직 때나 지금이나 여전히 바삐 움직이고 하모니카, 색소폰, 기타 등으로 재능기부 하고 그의 특기인 달리기는 이젠 나이도 있으니 육상연맹 등에서 후배들을 위한 역할을 하고 있다. 그의 제2의 인생이 복 되기를 축복한다.

2010. 11

| 수원시 권선구 행정타운 기독신우회 간증문학 동인지 |

경찰서에서 만난 사람들

강민식 · 김영중 · 박병두 · 박지우 · 손세영 · 이동운 · 윤덕민 · 조규훈 · 최용승 · 황화진 공저

ESSAY

31. 강은교회, 화성시대를 열다

몇 해 전부터 교회를 이전해야 되겠다는 마음을 갖고 꾸준히 기도를 했는데 계속 무응답이었다. 지난해에는 경매를 받으려고 1년 내내 임장에 집중했다. 그러다 금년 초 우리 교회 건물이 이슬람한테 팔릴 위기를 넘어 하나님의 은혜로 감리교에 매매가 되어 드림온교회가 세워지게 됐고 우리는 경매로 화성시 정남면 소재의 땅을 받았다. 어디로 가야할지 정해지는 대로 따르겠다고 기도를 하였기에 하나님의 뜻인 줄 알고 그 때부터는 새로운 건축을 준비하게 되었다. 일이 쫙 풀리는 줄 알았다. 그런데 현실은 그렇지 못했다. 이스라엘이 애굽만 빠져 나오면 바로 축복의 땅 가나안에 골인하는 줄 알았는데 광야 40년의 긴 고난이 있었듯이 땅을 받은 우리는 그 때만의 기쁨이었지 그 이후는 너무나 인고의 기간이 길었다.

우선 잘 만들어진 도로가 개인 소유라 토지사용 승락을 받아 오라는데 알아보니 주인이 26명의 공동소유였다. 나는 그 소식을 듣고 그 날 밤 눈물의 기도를 드렸다. 한 두 명도 아니고 낯선 땅에 그들이 나를 언제 봤다고 인감을 떼서 동의해 주겠는가. 그 소식을 주일예배 때 전하는데 내 목소리는 떨렸다. 그러나 마스크를 써서 아무도 눈치 채는 사람은 없었다. 월요일 아침 바로 시청에 들어가서 몇 군데 부서를 거쳐 그 도로가 민사로 보면 사유지라도 공도로 준공이 됐는데 어떤 이해관계가 있어서인지 행정절차를 밟다 말고 중단된 상태라는 걸 알게 됐다. 그 사실을 설계 사무소에 알렸더니 급반전이 됐다. 그 때부터 토목 설계가 본격적으로 가동이 됐다. 그런데 거기가 택지 조성이 돼 있고 유럽처럼 마을형성이 예쁘게 잘 돼 있어도 우리 땅은 지목상 임야라 거치는 절차가 참으로 많았다. 그래도 그 과정을 다 패스하여 5개월여 만에 개발행위 허가를 받았을 때는 마치 집 다 짓고 준공검사 패스한 기분이었다.

그 후 건축허가로 돌입하게 됐다. 우리 땅이 경사도가 약간 있는데 그것 때문에 과학적 수치로 계산된 구조안전진단서 첨부하라고 하고 토목 감리를 별도로 세우라 하고 옹벽공사를 H빔 박고 하라는 등 이건 무슨 아파트 짓는 것도 아니고 지하를 파는 것도 아니고 지상에 소형 건물 한 동 짓는 것인데 이런 요구를 하는지 공문서를 받고 보니 충격이고 이건 아니다 싶은 판단이 바로 섰다. 게다가 그 동네는 코로나 시대에 교회가 들어오는 걸 꺼려하는 분위기였다. 그 날 밤 잠 자리에 들었는데 쉽게 잠이 오질 않는다. 그래서 이불속 기도를 했다. 그 때 “내일 아침 문학리 가기 전 우회전 하여 부동산을 가보라”는 강력한 성령의 감동이 있었다. 날이 밝자 아침식사를 마친 나는 급히 자동차 시동을 걸었다. 어젯밤의 감동대로 부동산을 가보니 사람은 못 만났고 지나가다 전화번호만 폰으로 찍어 한적한 곳에 가서 전화를 했다.

"여보세요? 혹시 싸게 나온 창고 같은 것 있으면 소개해 주세요"

"에이~ 그런 게 어딨습니까? 아, 하나 있긴 한데 가격대가 좀 있습니다"

주소 받아가지고 가보니 마침 건물주가 있다. 대중음식점으로 지어진 빨간 벽돌의 2층 건물인데 다 둘러보니 우리 조건에 대략 맞는 것이었다. 본격적으로 흥정을 했다. 주인은 처음 금액보다 다운해서 내놓은 것이고 그래도 안 나가서 더 다운된 금액을 제시했는데 그런 사연을 설명했다.

정자동 어느 교회 목사님이 와서 깎아달라고 하도 사정을 해서 그러기로 하고 계약 날짜를 잡았는데 그 목사님은 그러고 나서 지금까지 아무 연락도 없이 한 달이 지났다는 것이다. 그래서 나하고는 다운된 그 금액으로 최종 합의가 돼 매물 본지 일주일 만에 등기작업까지 속전속결로 완결했다. 늘 기도는 하지만 이번엔 그 감동이 커서 즉시 응답이라고 판단했다. 주차 문제도 어느 정도는 해소가 되고 주변 환경도 양호하다. 화성시가 대체적으로 그렇긴 하지만 백리는 수원 인근 교외의 도농복합 지역이다. 그렇지만 농가는 불과 소수이고 전통마을과 전원주택 그리고 공장 등이 있다. 그 화성에서 새 시대를 열게 되었다.

백리 부동산 등기작업까지 마친 어느 날 머리도 식힐 겸 서호저수지 라이딩을 나왔더니 무지개가 막 떠올랐다. 성경에 나오는 무지개의 언약을 생각하며 다시 한 번 주님의 인도하심을 확신했다.

제2부

산문시(1)

1. 봄의 풍경

추운 겨울이 지나면
숨었던 새싹들이
하나 둘 고개를 내민다

성질 급한 꽃은
때도 모르고 나왔다가
꽃샘추위에 기겁을 한다

그러나 결국
봄은 완연하게
우리 곁으로 다가온다

거리엔 상춘객 인파가
함박웃음 머금고
이리저리 밀려다닌다

2. 보람되고 보람되며

산다는 것
그것은 전투이다
태어나서
열심히 젖 먹고 말 배우고
또래들과 어울리고
부딪히고 그러면서 큰다

유치원 가고
학교에 가고
그러다 보면
친구가
친구가 아니라 경쟁의 상대로
더러 착시 현상을 느끼게 된다

성인이 되면 어떨까
역시 또 치열한 경쟁 사회에 뛰어 든다
세파는 거칠게 다가온다
그래서 사람은 누구나
삶의 무게가 무겁게 느껴진다

그런 우리를 주님은 부르신다
“수고하고 무거운 짐 진 자들아
다 내게로 오라
내가 너희를 쉬게 하리라”
그리고 또 우리에게 말씀하신다
“가라 내가 너희와 함께 하리라”

질곡의 인생
한 많은 인생
그래도 한 번 제대로 살아볼 만 하다
보람되고 보람되며 보람되고 보람되니
모든 것이 보람되다!
솔로몬이 칭찬할 일이다

언젠가 이 세상 떠날 때
행복하고 보람된 인생이었다고
회고할 수 있기를 빈다

3. 가는 여름

늦더위 물러가고
귀뚜라미 울어대는
처서가 지나더니

하늘은 높아가고
흰 구름 뭉게뭉게
피어오른다

들판은 황금물결
준비하며 미소 머금고

가는 여름 아쉬운가
뒤뜰 매미는 매암매암
쉼 없이 울부짖는다

4. 착각

수십 년을
청년 기분으로 살았는데
요즘 느끼는 건
완전 착각이야

이마 넓어지고
머리카락 힘을 잃고
얼굴에 점 생기고

다리에 기운 빠지고
세월이 많이 간 거잖아

그래도
쭈그렁바가지 삼년 간다니깐
오만 데가 다 아프다고 하면서도
여자들은 남자들보다 오래 산다나
옛날에 누가 말 하드만

몸이 약해도
특별히 신체에 이상 없으면
큰 복을 받은 줄로 아시라

백세 시대라지만
나이 들면
겉사람은 후패함이
하나님의 섭리 아니런가

그렇다고 속사람까지
낡아지지는 말고
아니
속사람은 날로 새로워지기를
앙망 드리오리이다

5. 만추의 비를 맞으며

농사철도 아니고
장마철도 아닌데
웬 빗줄기가
이렇게도 사납더냐

태풍한테 얻어맞고
겨우 새 살 돋은 나뭇잎
곱게 물 들었던 예쁜 단풍잎
다 묵사발 되고 말았으니
허망하구나

아이들은 쌓인 낙엽
나뒹구니 눈 밟듯이
좋아라 하고

가을은 그렇게
저 멀리 저 멀리
떠나는구나

그러나
우리네 인생은
백수(白壽)가 끝날 때
한바탕 난리 치지 말고
조용히 그리고 평온하게
작별하고 싶어라

6. 첫 열매

아직 고등학교도 졸업하기 전인
어린 학생이 취업하여
받은 첫 월급

너무나 소중하고 쓸데도 많으련만
묻지도 않고 따지지도 않고
온전히 제단에 올렸나이다

다윗이 소원하여 이르되
베들레헴 성문 곁 우물물을
누가 내게 마시게 할까

그 때에 세 용사가
적진 블레셋 진영에 들어가
막상 그 물을 길어오니
다윗 왕 목이 메인다

이는 목숨을 걸고 갔던
세 사람의 피가 아니니이까
그는 물 대신 감동을 먹고
그 물은 여호와의 제단에 부어드렸다

첫 열매
주여 받으소서
그리고 맘껏 복 주옵소서

7. 대한의 미래

모진 바람
불어대는
차디찬 세상

그렇다고
사라지는
나약함은
내가 아니리

온갖 풍상
이겨내고
승리한 얼굴

곧 다가올
대한의 미래

8. 성탄절의 기도

전능하신 하나님 아버지!
당신께서는 인류의 구원을 위하여
독생자를 이 땅에 보내주셨습니다.
아니, 하나님, 당신께서 인간으로 현현하셨습니다.
그 날을 우리는 크리스마스라 부르며 즐거워하고 있습니다.
그러나 정작 아기 예수는 그 흔한 방 한 칸 얻지 못해
말구유에 나셨습니다.
그나마 동방박사들이라도 아기 예수의 탄생을
축하하기 위하여 별을 보고 찾아왔습니다.
황금과 유향과 몰약이라는 예물도 준비하였습니다.
그런데 오늘날의 성탄 문화는 변질되어 버렸습니다.
고요한 밤이 아니라 소란한 밤이 되었습니다.
거룩한 밤이 아니라 죄악의 밤이 되었습니다.
주님께 드려야 할 예물은 인간들이 나누고 있습니다.
술집이 번쩍이고 카바레가 불야성을 이루고
밤새 술 먹고 춤추고 난리를 치다가 싸우고 사고치고…
이게 무슨 해괴망측한 성탄절인지…
어쩌다 성탄절이 이렇게 변질되었는지
그 책임은 우리 크리스천들에게 있습니다.
빛과 소금으로 살지 못했음을 회개합니다.

한 알의 밀알이 되지 못했음을 회개합니다.
그리스도의 사랑을 실천하지 못했음을 회개합니다.
특별히 이 나라를 긍휼히 여겨 주옵소서.
우상의 문화가 소멸되게 하시고
사탄의 세력이 힘을 잃게 하시고
하나님의 정의가 강물같이 흐르게 하옵소서.
대통령에게 솔로몬의 지혜를 주시옵소서
성령으로 기름 부어 주옵소서.
신속히 나라가 안정을 되찾게 하옵소서.
에스겔 선지자의 말씀처럼
골짜기의 마른 뼈들이 제 자리를 찾게 하시고
거기에 살이 붙고 생기가 들어가게 하옵소서.
저 북녘 땅에도 성탄의 기쁜 소식이 전해지게 하옵소서.
남북이 평화적으로 복음 안에서 통일되게 하옵소서.
그러기 전에 먼저 남한의 사회통합이 이루어지게 하옵소서.
이념 간 계층 간 빈부 간 그 격차가 줄어들게 하옵소서.
성탄절을 맞은 우리나라에 주의 은총 임하소서.
전 국민이 성탄의 의미를 바로 알고 지키게 하소서.
주 예수 그리스도의 이름으로 기도드리나이다.

9. 곧 죽어도 걸어라

가만히 있어도 나이는 먹는다
그 어떤 수고도 필요 없다
그냥 가만히 있으면 나이는 먹고
몸에는 노화가 찾아온다

머리 어깨 무릎 발
머리 어깨 무릎 발 무릎 발
이게 유치원 노래인 줄만 알았는데
뭐 이런 순서로 아파 온단다

환갑 지나면 사람들이 하나 둘
가벼운 지병 하나쯤은 있는 듯하다
물론 없는 사람이 더 많겠지만

그러든 말든 내일을 준비하라
곧 죽어도 미래를 준비하란 말이다
긴 노후를 어떻게 보낼 것인가

돈 없고 건강 안 좋고
노후 대책 없이 노후를 맞는다면
특별한 주의 은총이 없는 한
장수가 축복이 아닐 수도 있다

일단은 걷기부터 시작하라
그건 돈 안 들고
기술도 필요 없고
남 신경 쓸 것도 없다

마스크 쓰고
운동화 신고
무조건 집을 나서면 된다
걸으면 살고 누우면 죽는다고
누가 말했다

하루 만보가 아니라도 좋다
6천보부터 발동을 걸어라
오늘도 신나는 발걸음이어라

10. 겨울비

아무래도 하늘에
무슨 병고가 생긴 모양이다
눈이 와야 할 한겨울에
웬 비가 이토록 추적추적
내리는 걸까

그것도 어제부터
계속 이러니 분명 하늘에
무슨 슬픈 일이 있는 게
분명하다

우당탕탕
그나마 뇌성번개는 없으니
하나님이 우리보고
야단치시는 건 아닌 것 같고
그렇다면 왜 하늘이 주룩주룩
하염없이 눈물만 흘린단 말인가

아마도 인류가 당신 뜻대로
살지 않고 마구 놀아나는 걸 보고
쓸어버릴 수도 없고
그냥 놔두자니 속상하고
그런 걸까?

혼자 묻고 혼자 답하다가
다시 우산 쓰고 나간다

11. 사철나무

길가의 사철나무
오롯이 서 있다

다른 나뭇잎들은
하나 둘 낙엽 되어
다 떨어지고 말았 건만
나는 그럴 수 없었다

나라도 버텨서
인류에게 푸른 꿈을 심어주자
나를 보고 희망을 가지라고

잠시만 기다려요
조금 더 날이 풀리면
쑤욱~쑥~ 자라 올라
내 멋진 기백을 보여드리리이다

12. 봄을 꿈꾸며

겨울답지 않게
춥지도 않고
눈도 안 오고
어물쩍
입춘이 되더니
내 그냥 갈 줄 아냐 하고
기온 급강하 하니
귀도 시리고 발도 시리다

그래봤자
금년 겨울은
이미 대세는 꺾였다
나뭇가지 물오를 준비하고
농부들 두엄 내고
철 이른 냉이는
벌써 날 캐 잡수시라고
고개 삐쭉 내민다

변하는 세월
어김없이 찾아오는 계절
그러면서 사람은 늙어간다
아니 익어간다

봄을 품은 2월은
마음도 급해서
다른 달보다 짧다
코로나19 바이러스 빨리 소멸되고
다시 활기찬 세상을
어서 보고 싶다

13. 해불양수[海不讓水]

바다는 다 받아들여서
바다라는데
사람은 그렇지 못하다
아니 그럴 수 없다

토하고
분하고
화내고
열나고
싸우고

어지간해야 받아들일 텐데
감당 못할 위인(?)들도 있지 않은가
화려한(?) 진상
근데 세월 가고 나면 모두 후회들을 하니

이래도 저래도
만족함이 없는 것은
나의 성숙하지 못함 때문이겠지

"너희도 성령 안에서 하나님이 거하실 처소가 되기 위하여 그리스도 예수 안에서 함께 지어져가느니라"(엡2:22)

14. 춘래불사춘[春來不似春]

새살이 돋아나듯
연녹색 새싹이 살포시
수줍은 인사를 하네

귀엽고
앙증맞고
아름답고
예쁘구나

꼭 죽은 것 같은
앙상한 나뭇가지에도
새 순이 삐죽삐죽
나 살아 있었다고
생명을 내미는
식물의 기지개

분명히 봄은 왔건만
봄이 아닐세
코로나19는 물러가고
희망의 새날이 오기를
두 손 모아
하나님이시여!
굽어 살피소서

15. 스마트폰 천국

농담이겠지만
누가 그랬답니다
나 죽으면
와이파이 잘 터지는 곳에 묻어 달라고

아이들은 아이들대로
어른들은 어른들대로
차 안이든 공항이든
심지어는 군대까지도
스마트폰 천국

며칠 전
은행 볼 일을 보고
화장실엘 들어갔는데

문이 살짝 열려있기에
사람이 없는 줄 알고
그만 노크도 없이
지가* 문을 열었지 뭡니까

그런데 한 중년 남성이
변기에 앉은 채로
스마트폰 삼매경에 빠져
쳐다보지도 않고
레이저 눈빛으로
폰만 주시하고 있습디다

저런 열정으로 공부도 하고
인생도 그렇게 살면
뭐 안 되는 일 있겠나 싶었죠
근데 길거리에서는 그러지 마십쇼
과유불급이라잖소

*「지가」=「제가」

16. 바람은 불어도

아쉽지만 꽃들도 대부분 낙화되고
푸른 잎이 쑥쑥 올라와서
완연한 봄을 만끽할 수 있는 날이
다가올 즈음에 바람이 분다

그것도 보통 바람이 아니다
태풍 급이고 기온도 차다
예쁜 아가씨들 얇은 봄 옷 입고
한껏 멋을 내고 나왔는데 아뿔싸 얼어 죽겠다
강원도 어느 마을엔 때 아닌 고드름이 맺혔다
변덕스런 날씨 변화무쌍한 날씨
오월이 코앞인데 이게 무슨 심술인가

우리가 살아가는 인생에도 바람은 분다
그 바람이 여름철 시원한 바람이면 좋겠지만
그게 아니고 겨울철에 찬바람 쌩쌩 불고
봄에 못자리 할 때 비닐 다 날라 가고
그런 바람은 참으로 사람을 힘들게 한다
그렇다고 하던 일

때려 치는 것만이 장땡은 아니다
오히려 바람을 잘 이용하면 새 에너지를 얻는다
풍력 발전소처럼 말이다

바람이 불 때가 있으면 잠잠할 때가 있나니
잠시 멈췄다가 또 가면 된다
포기만 아니 하면 때가 이르리니
그 때 가서는 기쁨의 단을 거두리라
바람은 불어도 기차는 달리고
바람은 불어도 땅 속에서
생명은 솟아오른다

바람은 불게 마련이다
피해 가던지 쉬어 가던지
그러다 보면
목표점에 이르리니
다만 포기는 하지 말라
그러면 그대가 세운 꿈
현실이 되리라

17. 농촌에 며칠 있어 보니

시골에 할 일이 있어서
가서 며칠 동안 고된 일을 했다
그리고 귀갓길
저녁을 먹고 출발하려고
식당을 찾으니 모두 클로즈
주민이 말한다
“여기 사람들은 해가 지면 모두
자기 집으로 들어가기 때문에
저녁 장사는 없습니다”
당연히 밤 문화라는 것이 없다
도시는 밤 문화가 발달하여
업소마다 불야성을 이룬다
소돔과 고모라가 따로 없다
그러다 새벽 2시 3시 4시 5시
그 때야 집인지 모텔인지 기어들어간다
그러니 당연히 늦게 일어나고
불규칙하고 엉망이다
이런 사람들의 미래가 어떨지
매우 우려스럽다

그러나 농촌은 다르다
새벽 5시 아직 동녘조차 어두운데
벌써 마을 이장이
“주민 여러분! 잘 주무셨습니까?”하고
공지사항 안내방송을 시작 한다
도시에서 그 시간대에
동네 스피커로 방송 내보냈다가는
맞아 죽는다
농촌은 순수하다
농촌은 부지런하다
흙은 속임이 없다
심은 대로 노력한 대로
거두는 것인데
간혹 하나님이 플러스알파로
채워주실 때도 있다
푸른 오월
산야가 점점 연녹색에서 진녹색으로
물들어 가고 있다

18. 아가씨와 아까시

둘 다 좋아요
왜냐하면
둘 다 향기가 그윽해서요

벌꿀도
성분은 몰라도
일단 향기는
아까시꿀이
단연 짱이지요

간혹
악취 풍기는 아가씨
입 냄새
담배 냄새
술 냄새
그런 냄새는 싫어요

아까시꽃 향기처럼
그리스도의 향기 날리는
참 그리스도인들이
많아지소서

註 아카시아는 아까시가 더 표준어이다.

19. 오월을 보내며

다 죽은 것 같았던
회색 빛
널부러진 풀잎 사이로
새싹이 나오더니
어느새 대지를
녹색으로 물들였다

동네 길가 벚나무는
늦게까지 새 순이 안 나와
죽었나 했는데

아니었다
스멀스멀 잎이 나더니
이제는 장관이다

개나리 진달래 목련 연산홍 이팝나무
철쭉 그리고 이름 모를 야생화까지
피고 지고 피고 지고
자기들끼리

순서를 정했는지
이 꽃 지면 저 꽃 피고
요새는 아까시 꽃향기가
코를 찌른다

담장 너머 어느 집
빨간 덩굴장미
방끗 웃는다

오월
우리에게 새 희망을 주고
기쁨을 주고
이제는 떠나간다
부디 잘 가시고
내년에는 코로나19 떼어놓고
우리끼리 만나세

20. 가려짐의 신비

마스크에 가려진 얼굴
궁금증을 유발한다

전에는 보는 즐거움이 있었는데
지금은 콧등 위만 볼 수 있다

그러나 한편
가려짐 속의 신비가
색다른 묘미일 수도 있다
여운을 남겨두는
마케팅 전략도 있잖은가

성하의 계절
노출의 유혹 받는 여인들이여
가릴 건 가릴 때
더 신비로움이 있음도 아시라
다 드러내놓고 다니면
웬지 저렴해 보일 수도 있다

조각공원에서

21. 촌스러움

촌스러워서 어떻다는 건가
시대에 뒤떨어짐을
좀 시원치 않아 보임을
세련되어 보이지 않음을
굳이 그렇게 표현해야만 했는지
듣는 촌사람들 기분 별로일 거 같다

내가 보기엔
촌스럽기만 하다면 별 문제 없다
촌은 순수하고 정이 있고 인심이 있잖은가
사람 사는 냄새
그런 향기가 있는 곳이 촌이다

콘크리트 문명에 가려져 있는
도시스러움이 더 문제다
물론 극히 일부지만
속이고 속고 냉정하고 살벌하고
이웃도 친구도 적이 되는 세상

시골 할머니가 서울에 와서 보니
사람들이 바글바글 하다
“아니, 이 많은 사람들이 다 뭐해먹고 산대?”
친구의 농 섞인 답변이 가관이다
“뭐해 먹긴 뭐해 먹어~ 서로 속여 먹구 사는 거지”

그럴 바엔 차라리 「도시스러움」보다
「촌스러움」이 낫지 않을까?
근데 요샌 촌도 도시화되어 가고 있다
촌에도 도시문화가 들어오고
외국문화가 들어오고
인심도 변해가고 있으니 좀 그렇다
아! 그 옛날 진짜 촌스러움
더러 그립기도 하다

제3부

산문시(2)

1. 긴 장마

입추고 뭐고
장맛비는 여전하니

여기저기
수마에 할퀸 상처
보기에도 안쓰럽다

온 천지는 흙탕물이요
애써 가꾼 농작물은
농민 가슴 태우누나

그래도
뒤뜰 매아미
매암매암
노래인가 울음인가

장마가 제아무리 길다한들
가는 세월 못 막으리

2. 열대야

잠을 잔 건 지
방바닥하고
씨름을 한 건 지
밤새 엎치락뒤치락

시작은 안방에서
모포 베개 들고
거실로 나왔다가
선풍기를 켰다가
에어컨을 켰다가
다시 안방으로 갔다가

이 난리를 치다보니
어느새
새벽닭이 운다
아~ 교회 가야겠다

아무리 피곤해도
목사는 새벽기도를 한다

코로나에
긴 장마에
열대야에
일상 업무에
사람들은 녹초가 됐다

그래도
날이 밝으면
언제 그랬냐고
여전히
일터로 간다
이것이 우리의 인생이다

3. 가을의 시그널

삼복더위가 끝나갈 무렵에는
언제나 햇바람이 살짝 스쳐온다
아 가을의 시그널
너무 반갑다

그런데
내 신체에 민감한 반응
바로 「무릎시림」이다

농담으로 하는 말
"큰 애 낳고부터 그렇다"
참고로 난 남자다

가을하늘이 높고 광활하다
산야는 점점 색동옷으로 갈아입는다

정치 경제 종교 교육 안보 등등
이 나라의 제반 분야도
아름답게 영글어 갔으면 좋겠다

4. 세월이 지나가니

모든 것은 지나간다
굉장히 섭섭했던 사람도
세월이 지나가니 다 잊어먹는다
철천지원수도 세월이 지나가니
서로 왕래를 하게 된다
절세미인 미스코리아도 세월이 지나가니
동네 아줌마와 비슷~해 진다
초등학교 나왔어도
세월이 지나가니 대졸자와 비슷해진다
철판도 번쩍 들어 올리던
삼손의 힘은 어디로 가고
세월이 지나가니 비실비실 댄다
무엇이든지 다 할 수 있을 것 같고
지고 싶지 않던 패기와 깡다구가 있었는데
세월이 지나가니 그런 것이 다 빠져 나간다
철이 없어 부모 속 어지간히 썩였는데
세월이 지나가니 철 들어 효자가 된다
죽으면 죽었지 교회 나올 것 같지 않던 사람이
세월이 지나가니 착실한 신자가 된다

세상 모든 것은 다 이렇게 지나간다
인기도 미모도 권력도 지나간다
어쩔 수 없이 사람은 나이를 먹고
늙고 쭈글어 들고 그러다가 언젠가는 죽는다
그래서 전도서 기자는
자기가 하고 싶은 것 다하고 살았어도
마지막에 가서는 "헛되다"라는 말을 했다
그렇다고 우리마저 헛된 인생은 되지 말자
"보람되고 보람되며 보람되고 보람되니
모든 것이 보람되다"라고 말할 수 있는
그런 인생이 되자
적어도 남한테 피해를 주고,
힘들게 하고, 아프게 하는
그런 망나니 같은 인생은 되지 말자
보고 싶고, 주고 싶고, 사랑하고 싶고,
자랑하고 싶고, 가까이 하고 싶고,
도와주고 싶고, 함께 하고 싶고,
친구하고 싶고, 나누고 싶고,
동행하고 싶은 그런 사람이 되자

5. 깊어가는 가을에

불이 났나 내다보니
단풍이었네

이파리의 파이널 서비스
우리 마음 사로잡아

우리네 인생도
만추지절 밀려오는데

우리는 그 때에
어떤 모습으로 보여 지려나

살피고 또 살피고
점검하고 또 점검하여

그 분(God) 앞에
한 점 부끄럼 없이
감사와 보람으로 살고 싶어라

6. 아내는 외출 중

쌀 한 컵 물 한 컵
그리고 버튼만 누르면
밥이 된다

이걸 못하고
치사하게
차려줘야만 먹겠나

근데 오늘은 웬지
라면이 급 땡(당)긴다
어차피 혼밥인데 기회로다
우리 아들만
라면 잘 끓이는 게 아니다
그 까이 꺼(까짓 거) 뭐

후루룩 짭짭
후루룩 짭짭
거기에다 신 김치 하나면
천하 일미다
혼자 먹어도 맛만 좋다

청년시절
친구들과 라면을 끓였다
서로 먹겠다고
익기도 전에 한 놈이
젓가락을 투척한다

보다 못한 다른 놈이
우웩!
냄비에 침을 뱉는다

그런데 놀라운 건
아무도 더럽다고 하지 않고
침만 걷어내고 또 달려든다

피 끓는 청년 시절
그 때
바이러스는 얼씬도 못했다

7. 꿈나무의 집 아이들은 행복하다

운동 잘하는 아빠
세심하게 보살펴 주는 엄마
그 외에도 직원들
그리고 아빠의 자전거 친구들
모두 꼬마들의 울타리이다

아이들이 너 댓 살이 되면
아빠는 무조건 자전거를 가르친다
넘어지고 자빠지고 상처도 나고
그래서 울기도 하고
그러면서 크고
그러면서 자전거를 배우고
그러면서 탁구도 배우니
또래들보다 꿈나무의 집 아이들은
훨씬 뛰어난 운동기량을 갖춘다

단순한 라이딩이 아니다
자전거를 통해서
세상을 배우고 인생을 배운다

세상에 나갈 훈련을 미리 하는 거다
분명 이 아이들은 험한 세상을
너끈히 이겨낼 것이다

아직 어린 꼬맹이들이
올망졸망 두 발 자전거를 타는 모습은
귀엽고 이쁘고 대단해 보인다
이 아이들이 떼 지어 자전거를 타고 가면
"아니, 저 쪼끄만 것들 좀 봐~"하고
사람들이 가던 길을 멈추고 바라본다

그래~
너희들이 일찍이 자전거를 배워서 날아가듯이
너희들 인생도 그렇게 훨훨 날아서
이 나라의 큰 재목으로 무럭무럭 자라 거라
꿈나무의 집 아이들아!

8. 곧 겨울이 오겠지

을씨년스럽고
웅크리게 되고
손 시리고
발 시리고
귀 시리고
얼굴 시리고

겨울을 피해 갈 자
그 누구리오

그러나
추운 겨울 때문에
봄의 소중함을 알게 됩니다

누가 그럽디다
겨울이 없다면
봄이 그리 즐겁지 않을 것이라고

주여! 근데 겨울은 빨리 지나가게 하소서

9. 한강 라이딩 두 번째 이야기

동호회 단톡에 공지가 불쑥 떴다
일정을 살펴보니
오전에도 오후에도 처리할 일이 한 두 건 있다
게다가 여태껏 따듯하던 날씨가
더 이상은 기다릴 수 없다고
이제는 겨울채비로 들어간다고
예고라도 하듯 기온이 쑥~ 내려간 데다
해는 없고 바람까지 분다

아무래도 요번에는 빠져야겠다고
생각은 했지만 분위기 깰까봐
침묵하고 있었더니
트레이너님 왜 무반응이냐고 톡(Talk) 쏘심
그리고 오늘 아침엔 전화까지 주셨다
에라 모르겠다
끌려가보자

집을 나서니 일단 춥다
다시 점퍼를 바꿔 입고 나섰다
좀 타다보면 더워지겠지 했는데
손이 시리고 곱아 온다
가다가 중간에 장갑을 또 하나 얻어
덧꼈는데도 손이 시리다 못해 아려온다

그래도 자전거는 잘 나간다
동료 4명이 너끈히 한강에 도착해 보니
지난여름과는 달리
날씨 탓에 사람이 거의 없다
그래도 우리끼리라도 한강을 정복했다는
성취감은 만족에 또 만족이다

인증샷만 몇 방 때리고
바로 뒤돌아서 수원으로 달렸다
오다가 중간에 동태탕도 꿀맛이었다
오며 가며 이야기도 나누고
씽씽 달리니 다리가 아픈지
시간이 갔는지ㅋㅋ
누가 시키면 이렇게 하겠나?
자전거를 탈수록 그 묘미가 일품이다

한강에서 필자 신만섭 목사 내외 이동운 목사

10. 첫눈이 오던 날

해마다 첫눈이 오면
누군가는 톡에 올린다

환갑진갑 다 지났어도
첫눈에 설렘은
아직도 청춘이렷다

그런데 산골에 사는 지인이
하는 말은 눈이 오면
낭만이 아니라 낙망이란다
왜냐니까
눈 치우느라 허리 부러진단다

첫눈 내리는 주일아침
그러나 즐겁지 만은 않다
바로 코로나19
이 괴물 때문이다
확진자 3천 명 돌파!
수천억불
수출 목표 달성 수치도 아니고

코로나19야!
이제는 제발 가라
지겹다 지겨워

11. 기다리는 봄

나는 날마다
봄을 기다린다

아직도 차가운 기운이
얼굴을 스치는데

내 맘은 벌써
봄 저만치에 들어가 있다

그런데
기다리는 봄은 더디 온다

그러나
가까이 느끼는
봄이 향기롭다

12. 그 나라가 오기를

민족시인 이상화는
빼앗긴 들에도 봄은 오는가
이 무명의 글쟁이는
빼앗긴 이 땅에 진정 봄은 오리라
감히 읊조린다

코로나19는 떠나가고
정치가 선진화 되고
편 가르기 내로남불
모두 다 사라지고
다시 화합하는 세상을 꿈꾼다

경제가 살아나고
종교가 본연의 자리에 서고
국민들이 일상으로 복귀하는 그 날

"그 때에 이리가 어린 양과 함께 살며
표범이 어린 염소와 함께 누우며
송아지와 어린 사자와 살진 짐승이 함께 있어
어린 아이에게 끌리며"(사11:6)

"젖 먹는 아이가 독사의 구멍에서 장난하며
젖 뗀 어린 아이가
독사의 굴에 손을 넣을 것이라"(사11:8)

이사야가 외쳤던 그 나라가
진정 언제 올 수 있을까 싶지만
그래도 희망을 갖고
손 모아 기도 드린다

13. 소띠 해

내가 아는 띠라고는
허리띠 밖에 없거늘
여기저기 소띠 해라고
소를 찬미 하네

그래
소가 없으면 구유는 깨끗하겠지만
소의 힘으로 얻는 것이 많다는 것을
그대 왜 모르던가

우직하고
되새김질 하고
주인 위해 힘으로 섬기고
고기로 희생하고
나중에는 뼈까지 온전히
주인한테 다 바치고 죽는다

올해는
우보천리(牛步千里) 명심하고
신축년(辛丑年)

나는
새 집을 지으련다(新築)

14. 변덕스러운 날씨

요새 날씨가
감정의 기복이 심하다
기온이 화~악 올라갔다가
쫘~악 내려가고
왜 이렇게 심술궂을까

겨울아
떠나기 싫어서 그러는 거지
그래서 깽판 부리는 거지
추웠다 더웠다 비왔다 눈왔다
갈팡질팡

그래도
세월은 가고
엉킨 것 풀리고
막힌 것 뚫리고
문제는 하나 둘 해결되고
찬란한 태양은 어둠을 가르고

그 위용 떨치려고
마지막 힘을 모으는 걸로
나는 믿노라

나무들도
줄기 끝으로
스탠바이하고 있다
여호와여! 생기를 불어넣어 주소서

15. 아침 햇살이 따듯하다

머리도 복잡하고
몸도 무겁고
그렇다고 처지면
안되겠기에
무작정 집을 나섰다

며칠 못 가본 동네 산책로에
나뭇잎들이 팔랑팔랑
나를 반긴다
푸른색으로 갈아입은
우리 주변은 너무 아름답다

게다가 햇살마저 따듯하다
이 온기가
모든 사람들에게 전해지기를
그래서 온 세상이
더 따듯하게 느껴지기를
손 모아 기도드린다

16. 나 홀로 라이딩

올해도 비가 자주 내린다
아직 장마도 아닌데~
마음은 복잡하고
여유가 없지만
이럴수록 신들메를 조인다

저녁나절에 자전거를 끌고 나갔다
기력이야 청년 때만 못하겠지만
테크닉은 그 때나 지금이나 같다고
착각인지 사실인지~
자전거가 주인을 잘 만난 것인지
잘못 만난 것인지~

서호저수지로 갈까 왕송저수지로 갈까
정처 없이 밟다보니
왕송저수지가 어느새 눈앞이다
날씨 탓인지 자전거족은 없고
백세시대를 향하여
비를 맞으면서도 부지런히 걷는
도보족들만 드문드문 보인다

잠시 가랑비 내리는 벤치에 앉아
멀거니 호수를 내려다본다
조용한 물가에 가끔 새들이 내려앉는다
진녹색으로 변한 나뭇잎들도 보기가 좋다

물끄러미 앉았던 자리를 뒤로 하고
다시 자전거에 올라 페달을 밟는다
금세 집에 왔다
옷이 살짝 비에 젖긴 했어도
기분은 상쾌하다
폰에 찍힌 걸음 수가 10,145
나이 먹고 가장 성공한 사람은
건강한 사람이란다

동서한테 선물 받은 내 자전거

17. 슬기로운 광야생활

이스라엘은
애굽에서 430년이나
노예생활을 했다
그러니 체질화 됐고
그 현실에 안주하여
살아가는 일상이었다
그러나 선각자 모세는
자자손손이 이어가는 노예생활
더 이상은 아니다 싶었다

이름 하여 출애굽!
그러나 말처럼 쉽지 않았다
강팍한 바로 왕
「여기도 좋사오니」하는 백성들
그렇다고 언제까지
이렇게 살 수는 없었기에
모세는 거사를 행하였다

홍해도 기적적으로 건넜고
추격해 오던 애굽 군대도 해결됐고

「아! 이제는
축복의 땅으로 직행이렷다」라고
생각했다

그런데 웬걸
광야생활이 시작됐다
잠깐이면 끝나는 줄 알았는데
사십년이 걸렸다
한 달이면 끝날 수도 있었던
광야생활이 그토록 길게
이어진 것은 다름 아닌
백성들의 원망 불평 때문이었다

우리에게도 시작된 광야생활
불편한 것이 많다
우리가 취할 액션이 무엇일까?
인내와 감사이다
가나안은 곧 정복될 것이다

18. 초대

여기
기쁨과 평화의 나라
부요와 승리의 나라
축복과 영생의 나라로
당신을 초대합니다

강은교회는
이름이 말해 주듯이
은혜와 평강이 넘치는
교회랍니다

마음의 평안과
육신의 건강과
범사의 축복과
영혼의 구원을 위하여

꼬~옥 교회에 나오세요
하나님은 당신을
사랑하십니다

전 안양대학교 이은규 총장 우리교회 내방

제4부

산문시(3)

1. 석양

이글거리던 태양이
살포시 저녁노을로 내려앉았다
어느덧
그 때가 되었나
서녘 하늘을 보며
오늘 나는 상념에 젖는다

산책하는 풋풋한 젊은 연인들의 풍경이
매우 매우 뷰티풀이다
나도 저런 때가 있었나?
회한에 빠진다

오직 외 길
열심히 달려오다 보니
젊은 날
대학 캠퍼스의 낭만도 모른 채
세월을 날렸다

누가 그러는데
초등학생까지는 신제품
중고등학생은 중고품
그 이상은 재활용품ㅋ
그러나 재활용품이라도
잘만 쓰면 백년도 끄떡없이
실력발휘 한단다

건강!
건강을 잃으면 모든 걸 잃는다
주의 이름으로 강건할지어다
지는 해가 아름답다던데
정녕 그러기를 기도하며
나 오늘도 가던 길 가노라

주 예수께 받은 사명 따라 가는 길
외롭지 않게 돌보시는 하나님!

교동도 난정저수지 낙조(정향순 권사 촬영)

2. 쓸쓸한 하루

못 온다 하였거늘
왜 기다리는가?

그 그리움은
아마도 사랑이어라

카톡도 없고
얼굴도 안 보여주고

3. 이예수!

언젠가 비행기 안에서
여 스튜어디스가 지나가는데
명찰을 보니 "이예수"다
장난기 반 진정성 반

"이봐요. 예수님!"
"네. 손님"
"아니, 그 이름이 본명이세요?"
"네"
"크리스천이세요?"
"아뇨"
그런데 예수라니ㅋㅋ
"이름 바꿀 생각 없으세요?"
"아뇨. 아빠가 지어준 이름인데요~"

요샌 이름도 잘 바꾸고
짝꿍도 잘 바꾸고
정책도 잘 바꾸고
족보도 잘 바꾸고
성별도 바꾸고
여차하면 갈아치우는 판국인데
그 이름 고수하는
그 스튜어디스가 우러러 보였다

4. 연기

옛날 농촌
집집마다 굴뚝이 있었고
그 굴뚝으로 모락모락
하얀 연기가 피어올랐다

그 연기에
시름도 날리고
한도 날렸다
짚을 땔감으로
밥도 하고
김도 굽고
구들장도 달궜다

때만 되면
하얀 연기가
김 서리듯 피어올랐다
그 연기가 그립다
그 연기는 매연이 아니었다
아니, 향기였다

인생은
깨끗한 연기처럼
깨끗한 구름처럼
살포시 왔다가
살포시 스러진다

5. 쓰린 맘

살다 보면
참으로 많이 겪는다

나만 그런 것 같다
그런데 사실은
많은 사람이 그렇다

그걸
삭이고
참고
시치미 떼고
그러면서 늙어 간다

겉만 봐선 모른다
그것이 인생이다

6. "예수 사랑하심은~"

경찰서 신우회 직원 모친상에
경찰들과 조문을 다녀왔다
"어머니 연세가 몇이유?"
"86세이십니다"
"신앙생활은 하셨구?"
"네~ 어머니가 돌아가시면서
큰 선물을 주시고 가셨습니다"
"그게 뭣이유?"
"어머니가 치매로 8년간 요양원에 계셨는데요
수년 전부터는 아들도 몰라보고
아무도 몰라봐서 의사소통을 못했습니다
그런데 돌아가시게 되어 중환자실에 들어가셔서는
놀랍게도 "예수 사랑하심은~"
찬송가를 부르는 것이 아니겠습니까
저희는 모두 깜짝 놀랐고
감동에 몸 둘 바를 몰랐습니다"
와우~
장례를 다 치르고 감사하다고 밥을 산다고 해서
직원들과 식사 자리에 함께 했다
역시 또 고인이 되신 어머니 얘기였다

그런데 또 들어도 감동이었다
치매 중에도 끝까지 믿음의 줄을 붙잡고 있다가
마지막으로 자녀손들에게 찬송으로 작별을 고했다
생전에 교회생활 하시던
아름다운 추억을 가지고 천국으로 가신 것이다
마치 군인이 군복무를 다 마치고 집으로 돌아오듯
이 땅에서의 한 많은 삶을 다 마치시고
당신의 영원한 본향으로 돌아가셨다
그 집 명절이나 기일에는
"예수 사랑하심은"으로 낙점되었단다

"예수사랑 하심을 성경에서 배웠네
우리들은 약하나 예수권세 많도다
나를 사랑하시고 나의 죄를 다 씻어
하늘 문을 여시고 들어가게 하시네
내가 연약할수록 더욱 귀히 여기사
높은 보좌 위에서 낮은 나를 보시네
세상사는 동안에 나와 함께 하시고
세상 떠나 가는 날 천국가게 하소서
날 사랑하심 날 사랑하심 성경에 쓰였네"

7. 나 이제 돌아가리

한반도를 뜨겁게 달궜던
나 이제 돌아가리
석양 너머로

만추지절 오곡백과
함박웃음 머금은 농심을 보고
나 이제 돌아가리

머잖아 찾아 올
겨울 풍경 즐기라고
나 이제 돌아가리

한반도를
뜨겁게 달구었던
나 이제 돌아가리
석양 너머로
만추지절 오곡백과
함박웃음 머금은 농심을 보고
나 이제 돌아가리
머잖아 찾아올
겨울풍경 즐기라고
나 이제 돌아가리
나 이제 돌아가리
황화진
Calligraphy by 별하미영

8. 햇바람

어제도 오늘도
우리 방 안 아침 온도는 30도이다

하지만 어제와 오늘
피부가 느끼는 촉은 다르다
며칠 전부터 폭염은
서서히 허점을 보이기 시작하더니
이제는 한낮이라도 발악을 한다
끝나지 않은 금년 여름 너무 덥다

기상청도 예측하지 못한
111년 만의 폭염!
시어머니도 몰랐고 며느리도 몰랐다

그러나 흐르는 세월 앞에
기후인들 어찌 하랴
이미 *햇바람이 살랑살랑 불어오고
매아미 매암매암 가을을 재촉한다

미세하게 느껴지는 서늘한 바람이
싱그럽게 그리고 매우 반갑게
느껴지는 아침이다

* 첫 곡식을 햇곡식이라 말하는 것처럼
강화에서는 이 때 부는 바람을 「햇바람」이라고 한다.

9. 교동

교동이 나는 교동(喬桐)에만 있는 줄 알았다
그런데 수원에도 있고 서울에도 있고 김천에도 있고 여수에도 있고
제천에도 있고 삼척에도 있고 춘천에도 있고 대구에도 있고
강릉에도 있고 여주에도 있고, 세상에나~
나는 그 유명한(?) 강화 교동도 출신이다
거기가 섬이라도 나는 불편한 줄도 모르고 살았는데
성인이 되어 뭍에 나와 보니 나는 우물 안의 개구리였다

그래도 고향은 늘 마음에 있다
좋은 추억 나쁜 추억 아픈 추억이 서려있는 고향, 강화 교동도!
그 때의 이야기는 하늘을 두루마리 삼고 바다를 먹물 삼아도
다 기록 못 한다
2km 바다 건너편에 북한을 마주하고 있는 최전방 민통선 지역
그래서 사면이 바다라도 어민은 없다
시간이 멈춘 거리, 1960년대의 대룡시장도 있다

지금은 연육교가 개통되어 육지와 다를 바 없지만
옛날엔 한 번 들어가면 나오기가 어려울 만큼 외진 곳
그래서 연산군을 위시한 왕들의 유배지였다

거기에 우리교회 수양관 「다니엘수련원」이 있다
말이 수련원이지 시설은 시대에 맞지 않게 열악하기 그지없다
고려시대 때부터 흘러내려오는 약수가 우리 원내에 있다
그간에 관리가 안 돼 그나마 시설을 못 쓰게 망가진 걸
올해 수원에서 강화 교동도까지 20여일을 출퇴근하면서
보수작업을 하여 아쉬운 대로 사용할 수 있게 해 놨다

그리하여 우리교회 사람들 30여명이 처음으로 수련회를 가졌다
큰 불편함 없이 찬양하고 예배드리고 밥해 먹고
저녁에는 교동중앙교회에서 열린 CBS평화통일음악회에도
참석하여 분위기도 띄워주고 큰 감동과 은혜를 받았다

그리고 그 날 밤
서한리에 있는 우리 다니엘수련원 잔디밭에 돗자리를 깔고
젊은이들과 자리에 누웠다.
하늘에는 무수한 별들이 쏟아지고 있다
더없이 맑은 공기 서늘한 기온
111년 만의 폭염이라지만 그곳 새벽에는 방 안이 춥기까지 했다
Grace & Healing의 여름수련회
우리는 또 하나의 아름다운 추억을 만들었다

10. 부모님

오늘서야
부모님 별세하신 때를 헤아려 본다
아버지는 내가 초등학교 3학년 때
어머니는 내가 스물 넷 됐을 때
한 많은 세상을 떠나셨다

어쩌니 저쩌니 해도
부모 그늘이 최곤데
나는 그 그늘 막을 소싯적 잃었다
아니 나보다 훨씬 일찍
부모님을 여윈 분들도 많다

부모 사랑 모르고
험한 세파에 시달리며
생존을 위한 몸부림을 했다
그러고도 이룬 것은 별로다
그러면서 나이만 먹었다

아직도 삶의 무게와 싸운다
오랜 세월 이렇게 살다보니
부모님에 대한 그리움도 없다

다만 남들이 어른이 되어서도
아버지 어머니를 부르며
사는 모습을 보면 가끔은 부럽다

11. 밥 냄새

오늘따라 밥 냄새가 향기롭다
아내가 아침밥을 짓는다

흰 쌀밥에 녹색의 완두콩
완전 그림이다
반찬 없어도 먹을 수 있는 콘셉트이다

옛날엔 꽁보리밥에 고추장만
비벼 먹어도 일품이었는데
요샌 먹을 게 너무 많다

배부른 자의 행복한 비명
이 땅이 양식과 물의 복을 받았으니
감사 감사로다

12. 나는

조용한 사람
시끄러운 소리는 싫다

사유하는 시간
기도하는 시간
묵상하는 시간
그 시간이 귀하다

거기에다
잔잔한 음악이 깔리면
금상첨화다

13. 라벤다

외국에서 귀국길에
김 박사 택배 심부름을 부탁 받았다

"한국 가시면 라벤다 좀 부쳐 주세요"
"아, 네. 알겠습니다"

연휴 끝나고 바로 우체국으로 갔다
"이거 택뱁니다"
"내용물이 뭐죠?"
"아~ 이거, 베란다요"
"네?ㅋㅋ 아닐텐데요?"
"그럼 뭐였지~ 뭐 향기가 난다고 했는데 가만 있자~"
스마트폰을 뒤져 보니 라벤다였다
"아, 라벤다네요"
"네, 이미 '향기 나는 식물'로 접수했습니다"

오면서 혼자 웃었다
라벤다를 베란다라고 말했으니
우체국 여직원이 ㅋㅋ댈 수밖에~

14. 오늘을 어떻게 살아야 할지

화무십일홍이요
권무십년이라

낮의 찬란한 태양도
저녁이면 쇠락하고
휘영청 밝은 달도 자고 나면
기울지 않던가

오늘 뿌린 씨앗
다음에 거두고
지금 거두는 열매
전에 뿌린 씨앗이렷다

그렇다면
오늘을 어떻게 살아야할지
답이 나오는 거 아닌가?

15. 벚꽃

벚꽃이 활~짝 피었다
칠보산에도 팔달산에도
서부경찰서 가는 도로변에도
환하게 환하게 방긋방긋

꽃을 좋아하는 아내는
꽃을 볼 때마다
어머나! 어머나! 연발이다

아니
꽃보고 기분 나쁠 사람이 어디 있으랴
기쁨주고 즐거움 주고 행복을 전해주는 벚꽃

지금 너는 네 사명에 충실한 때로구나
올해도 온 누리를 환하게 또 환하게

16. 참 좋은 밤

해가 뉘엿뉘엿 서산으로 기울면
사람들이 하나 둘 집으로 들어간다
땅 따먹기 하던 아이들도 툭툭 털고
집으로 집으로 달려간다
일터에서 격무에 시달리던 어른들도
모두 집으로 향한다

오손도손 가족들과 저녁 먹고
밤이 더 깊어지면
하나 둘 자리에 눕는다
사람만이 아니다
동물도 식물도
밤은 안식의 시간이다

어두운 밤
결코 나쁜 시간이 아니다
꼭 필요한 시간이다
열심히 일한 당신
침대에 다이빙 할 자격 있다
하루의 피로를 푸는 밤
모두가 쉬라는 조물주의 명령으로
만들어진 적막의 시간
참 좋은 밤이다

17. 봄은 보는 거랍니다

땅 속에서 올라오는 생명을 봅니다
연녹색 빛깔이 아름다움을 봅니다
개나리 진달래 목련 벚꽃이
우리에게 주는 기쁨을 봅니다

생명이 약동하는 계절입니다
땅 속에서 동면하던
생태계가 꿈틀대는 계절입니다
죽었던 만산초목이 살아나는 계절입니다

이 좋은 계절에 나를 돌아봅니다
나는 남한테 생명을 전하는지
나는 남한테 불편을 끼치는지
나는 남한테 웃음을 주는지
나는 남한테 온기를 주는지
나는 남한테 기쁨을 주는지
나는 남한테 아픔을 주는지
돌아봅니다

18. 착한 경찰관들

나의 지우(知友) 경찰관은
치매 어머니를 극진히 보살핀다
똥오줌도 더럽지 않단다
우리 어머니가
우리 어릴 때 그렇게 키웠거늘
내 어찌 그 똥이 더럽더냐

또 한 경찰관은
자기 아내가 허리 통증으로
원만한 가사 활동이 어렵다
역시 남편 경찰이 기꺼이 대신 한다

또 한 경찰서장도
아내가 허리 통증이 있어서
집에서는 당신이 식모처럼 일을 한다

이들이 한결같이 하는 말
"설사 더 심해져도
끝까지 책임지겠습니다"

오늘도 나는 그들에게
존경의 마음을 전한다
몰라서 그렇지 이 땅엔
마음 따듯한 이들이 더 많다

19 자연의 향기

예전엔 미처 몰랐었네
이 향기를

풀냄새
꽃냄새
나무냄새
심지어는 흙냄새까지도

향긋하고
싱싱하고
깨끗하고
상쾌하고

피톤치드
많이 흡입하면
건강에 좋다네요

가까이에 있는 산책로
우거진 숲
몇 백 년 묵은 아름드리나무들
폭염의 날씨에
이렇게 고마울 수가~

저자 소개

화 보

황화진 목사는 강화 교동도에서 출생하였고 안양대학교 신학부와 한국방송통신대학교 농학과를 졸업하고 평택대학교 대학원에서 사회복지학 석사를, Reformed Theological Seminary에서 명예 신학박사 학위를 받았다. 수필가로 시인으로 일찍이 한국문단에 데뷔하였고 『그곳은 마게도냐였다』 외 10여 권의 저서가 있고 노래 20여곡을 작사 작곡하여 저작권 등록을 마쳤다. 대한예수교장로회 중부노회장을 3선 역임했고 수원서부경찰서 경목실장을 거쳐 경목위원장을 2회 역임했다. 그리고 한국기독경찰동문회 총재의 일도 보며 메인 사역으로는 역시 강은교회를 섬기는 일이다.

말레이시아 단기선교

우리교회 남전도회 찬양

베트남에서 수강생들과 즐거운 식사

강은오케스트라 해단식

필자가 경목위원장 재임 시 산상 워크샵이 있었다.

중국에서 (가칭)버지니아신대생들과 야유회

수원시 목회자들과 국민의힘 정미경 최고위원과의 간담회

동아시아신학원 졸업식

캄보디아 국방부 장군들 우리교회 내방

우리교회 성가대원들

안양대학교 특강

다니엘수련원은 2009년 착공하여 사용하여 오다가 2021년 에스라교회에 매각하였다.
이 사진을 기록으로 남긴다.

화성시로 이전된 강은교회의 모습

바람은 불어도

초판발행 2021년 11월 25일
발행 인 황화진(강은교회 담임목사)
편집 인 이경희
디 자 인 이대호

펴낸 곳 도서출판 인터웰
주 소 서울특별시 중구 퇴계로 39길 5-5 풍전빌딩 2층(필동2가)
전 화 02-2268-8871(팩스 겸용)
출판등록 2007년 5월 3일
등록번호 제 1-4615
ISBN 978-89-93872-57-6

도서출판 인터웰
하나님께서 도우시지 않으시면 나아갈 수 없다.
"만군의 여호와께서 경영하셨은즉 누가 능히 그것을 폐하며 그의 손을 펴셨은즉
누가 능히 그것을 돌이키랴"(이사야 14장 27절)